Claude Monet

克里斯多福・亨利克
Christoph Heinrich

克勞德・莫內
CLAUDE MONET
1840–1926

班納迪克・塔森
Benedikt Taschen

封面

漫步・撐陽傘的女士(局部)・1875

La promenade，La femme à l'ombrelle

畫布・油彩，100×81公分

威爾登斯坦381

華盛頓(特區)・國家藝廊

保羅・梅倫夫婦收藏

第 1 頁

戴扁帽的自畫像・1885

Autoportrait de Claude Monet, coiffé d'un béret

畫布・油彩，56×46公分

威爾登斯坦1078

私人收藏

第 2 頁

1878年六月三十日聖丹尼路上的慶典・1878

La Rue Saint-Denis, fête du 30 juin 1878

畫布・油彩，76×52公分

威爾登斯坦470

廬昂・美術博物館 (Musée des Beaux-Arts)

封底

克勞德・莫內・1901

卡巴斯・菲力・那達 (Gaspar Félix Nadar)拍攝

©1995 Benedikt Taschen Verlag GmbH
Hohenzollernring 53, D-50672 Köln
Chinese translation and typesetting: Taiwan Mac Educational, Taipei
Edited by: Rolf Taschen, Cologne
Cover design: Angelika Muthesius, Cologne

Printed in Germany
ISBN 3-8228-9151-7
RC

目　錄

晉身沙龍

以今日的眼光來看，克勞德·莫內(Claude Monet, 1840-1926)早期這幅靜物畫作(第6頁)，似乎已預示了他漫長而豐富的創作生涯。畫中的畫筆、顏料盒、調色盤和書本散置檯面，其上陳列著武器，背景的壁紙則繪滿珍禽異卉、河水山陵，彷若一幅陳舊掛氈。由畫中潤澤的顏料、絨帽柔軟的質感、乾裂的書背以及槍支銳劍的金屬光芒等，在在都顯現年輕藝術家的審慎經營。這幅畫可說是畫家盡展所能的力作。特別是以呆滯的實用物品對照豐饒的熱帶景象；以室內傢俱什物的沈重色調反襯溼潤、蒼翠的背景，使此畫顯得更為出色。

這幅莫內早期作品的特點還在於畫中那奪目的明亮。調色板上除了紅、綠、黑色之外，那大片光潤的白鉛，更是此畫的核心光源。這片白暈充滿整個空間，光芒似乎預言了畫家的一生。這光也象徵著畫家對生命的宣言。

克勞德·莫內是位獨一無二的日光畫家，他擅長繪畫天空、冰雪、水中雲影，並且也是頭一位使用近乎純白色調作畫的畫家。直到晚年鉅作——〈睡蓮〉問世時，莫內仍採此種將白色混入純色的技法，一掃室內畫作中往昔那種暗淡憮然的調子(他自己早期作品亦然)。莫內可說是光的畫家。

莫內的時代，個展尚不普遍。每兩年一次的巴黎沙龍展，是法國畫壇主要的交易及展出處所。為期六週的展出期間，成名畫家、孜孜不倦的習畫生、雄心勃勃的模仿者和不世出的傲世天才，全都把最新作品呈現在好惡褒貶毫不容情的公眾之前。十八世紀時，沙龍尚屬贊助藝術家之貴族的社交場所。到了十九世紀，沙龍則漸成為大眾週日休閒的去處。當時的工人宮(Palais de l'Industrie，自1855年世界博覽會之後，沙龍展就一直在這兒舉行)已經成為社會中堅的中產階級和急於爬上這個階層的人士，或拄杖扶帽，或拖曳長袍，閒談聊天，信步漫行的鍾愛場所。享樂成為生活之本。而那些在大眾新聞《笑聲》(Journal du Rire)、《喧鬧》(Charivari)上搖筆桿的批評家也主張同樣的原則。他們那些讓人捧腹的批評和誇張扭曲的漫畫，甚至早在大眾看到原畫之前，就已決定了他們的好惡。對畫家來說，在沙龍展出的機會和所獲得的評語，是決定他們晉身畫壇或三餐不繼，甚而潦倒終生的成敗關鍵。

若說沙龍充滿煽情主義和故作驚人之舉，一點也不為過。畫家們常常翻遍神話和傳說，尋找謀殺、勝利英雄和裸體等通俗的題材。可是切

公證人里昂·馬尚，約1855/56
Léon Marchon
　在他的家鄉勒阿弗爾，莫內擅長畫地方公眾人物的諷刺性漫畫，因此贏得放肆小兒與天才漫畫家的名聲。

畫室靜物，1861
Coin d'atelier

通往聖賽門農場的路，1864
La route de la ferme St. Siméon

莫誤以為沙龍僅有低劣的品味，許多經過長期奮鬥的成名畫家如：奧珍‧德拉克窪(Eugène Delacroix, 1798-1863)、古斯塔夫‧庫爾貝(Gustave Courbet 1819-1877)，傑昂‧法蘭斯瓦‧米雷(Jean-François Millet, 1814-1875)，傑昂‧巴帝斯特‧卡密‧哥賀(Jean-Baptiste-Camille Corot, 1796-1875)和愛德華‧馬奈(Edouard Manet, 1832-1883)都曾經在沙龍展出過作品，不管成敗毀譽，也都在沙龍造成話題。當時，優秀的沙龍展總能像光譜一樣，接受從講究技巧的傳統風格到驚世駭俗的巴比榕(Ecole de Barbizon)新畫派的各種作品。對年輕藝術家來說，沙龍展更是拓展眼界的好機會。

　　克勞德‧奧斯卡‧莫內(Claude Oscar Monet)也曾像其他年輕畫家一樣，抱著興奮的心情到沙龍展朝聖。莫內於1840年生於巴黎，家境小康。家裡的雜貨店倒閉後，莫內隨同家人遷到勒阿弗爾(Le Havre)的港市。莫內的父親在那兒加入連襟夏克‧勒嘉德(Jacques Lecadre)開的批發業。奧斯卡(Oscar, 大家那時都如此叫莫內)當時六歲。他的童年就是在這巉岩林立的法國北方渡過。這大片臨海地帶陽光明亮，驚濤拍岸，氣候多變。夾雜其中的渡假勝地如：德奧維(Deauville)、特魯維(Trouville)，翁浮勒(Honfleur)遊人如織。莫內家人夏天會到聖阿黛斯(Sainte-Adresse)蘇菲姑媽的鄉村別墅避暑。冬天時則留在勒阿弗爾。莫內幾乎整天在海灘遊蕩，在沙丘和懸崖間穿梭，還經常逃學到海邊去。15歲時，莫內又因擅長以滑稽尖銳的漫畫筆調畫學校教師或當地的公眾人物而小有名氣。憑著家傳的生意頭腦，莫內靠著出售鎮上名人的諷刺畫(第7頁)賺進了不少零用錢。

　　除了這些模仿雜誌插畫的雕蟲小技的練習外，對年輕的莫內影響深遠的還是他和畫家奧珍‧布丹(Eugène Boudin, 1824-1898)的友情。布丹專長於輕快的海景畫(第8頁)。他常帶著莫內一起到海水浴場作畫，教導年輕的莫內有關「戶外寫生」(plein-airisme)的新觀念和技巧。莫內在1900年時回憶道：「如果我今天能算是個畫家，都是布丹的功勞。他以極大的愛心，由衷地教導我，在他的指導下，我的眼界逐漸開展。我真的了解自然，而且愛上了自然。」

奧珍‧布丹(Eugène Boudin)：
特魯維的海灘，1864
La Plage de Trouville
　布丹不僅為莫內引介戶外作畫的技法，並且使莫內成為畫家的決心更堅定。

莫內在畢業考前幾天離開學校，決心要當畫家。他的母親，本來應該會支持愛子達成心願的，卻不幸於1857年離開了人世。莫內的父親認為兒子應當繼承日漸興旺的家庭企業，對莫內的理想毫不關心，拒絕拿錢資助他，但也沒有阻止他離家，顯然以為等他興頭一過，就會自己醒悟回頭。莫內帶著出售漫畫得來的積蓄直奔巴黎，在一間名為瑞士學院（Académie Suisse）的小私立藝術學校註了冊。他也參觀了沙龍展，並寫信告訴布丹所見所聞（1860年二月廿日）：「我在此結識了一些風景畫家，他們都很想認識你。他們都是真正的畫家。」

莫內在阿爾及利亞服兵役期間感染了傷寒，回勒阿弗爾休養期間，結識了荷蘭畫家若安・巴特・瓊荊（Johan Barthold Jongkind, 1819-1891）。瓊荊此時已是成名畫家，他的風景畫在沙龍展普受好評。瓊荊擅畫陽光普照的景色，筆法輕盈柔和，是後來印象派的前驅。從初見面開始，瓊荊就成了莫內真正的導師，就如莫內在1900年所述：「我的眼界因他而豁然開朗了。」但在莫內家族看來，這個愛好杯中物的荷蘭瘋子並非克勞德的良伴。所以，1862年他們把莫內送回巴黎，要求他如果真的想當畫家，就得上國立高等美術學院（Ecole des Beaux-Arts），學習正規的課程。

可是，莫內對一般的學院派沒什麼興趣。他加入查理・格雷赫（Charles Gleyre，1806-1874）的獨立畫室。格雷赫個人的風格屬於理想主義學派，和當時沙龍的品味較為貼近，但他容許學生很大的自由發展空間，也鼓勵他們創造自己的風格。不過，莫內對這位隨學生意見擺盪的好老

退潮時的希佛角，1865
La Pointe de la Hève à marée basse
　在早期的作品裡，莫內描繪他的諾曼第家鄉，他捕捉那裡的海洋與天空，看著太陽穿破雲層，照亮了翁浮勒附近的小巷。終其一生，他對法國北方的景色始終鍾情如一。

夏伊大道，1865
Le Pavé de Chailly

菲特烈・巴濟依（Frédéric Bazille）：
臨時病房，1865
L'Ambulance improvisée
在巴黎的幾年當中，莫內和他的新朋友雷諾瓦、西斯萊和巴濟依時常到楓丹白露森林作畫。莫內在一次旅行時受傷，由巴濟依為他做醫療照顧。

師所給予的鼓勵和指導不表苟同。對他來說，課堂只是提供他研究人的裸體，以及結識志趣相投的同輩之場所。

菲特烈・巴濟依（Frédéric Bazille，1841-1870）、阿爾弗瑞・西斯萊（Alfred Sisley，1839-1899）和奧古斯特・雷諾瓦（Auguste Renoir，1841-1919）等人，就是莫內在格雷赫畫室結識的；至於卡密・畢沙荷（Camille Pissarro，1830-1903），莫內早在當兵前就與他相識了。這四個人後來都是印象派的大將。莫內不是個波西米亞式的人，他的言行舉止往往帶有中產階級的習氣。雷諾瓦後來告訴自己的兒子說，畫室裡其他的學生戲稱莫內「那個公子哥兒」：「他口袋裡一塊錢也沒有，卻穿著袖子上有蕾絲的襯衫……。畫室裡有個外貌漂亮但庸俗的女同學在追莫內，莫內卻對她說：『抱歉，我只和公爵夫人或女僕上床，兩者之外的任何女人都叫我反胃，最理想的是公爵夫人的女僕。』」

儘管如此，這兩位藝術家在一起時，過的日子倒是蠻波西米亞的。他們靠替人畫像賺取微薄的收入，莫內甚至一度以作漫畫維生。不過所賺的錢付了房租、燃料和模特兒的費用也就所剩無幾了。他們省吃儉用，從介紹他們工作的人手裡拿雜貨充當酬勞。他們曾經靠一袋豆子捱過一個月——他們請模特兒裸體擺姿勢時，需要點火取暖，這時就把豆子擺在爐上煨熟。豆子吃完，他們改吃扁豆。後來，當雷諾瓦的兒子問他，豆類食品是否難以消化時，雷諾瓦只是大笑：「那是我這輩子最快活的日子。而且，莫內總是有法子不時搞到幾個晚餐邀請，我們會趁機大吃大嚼，把肚子塞滿火雞，又灌飽醇酒。」

雖然三餐不繼，又堅決排拒學院派老師的指導，莫內的首次沙龍展仍相當成功。「一個嶄新的名字出現了。」1865年七月的《美術通訊》（Gazette des Beaux-Arts）上，一位批評家這麼寫道：「莫內先生是〈退潮時的希佛角〉（第9頁）和〈翁浮勒的塞納河口〉兩畫的作者，雖然至今尚

查理・格雷赫（Charles Gleyre）：
戴弗妮女神與克羅自山中返回，1862
Daphnis et Chloé revenant de la montagne
莫內的老師格雷赫先生是個拘謹嚴肅的畫匠，擅於迎合當時人的喜好與品味。他的畫頗符合學院派的標準。他不是一個偉大的藝術家，但印象派的根卻是在他的工作室中孕育出來。

草地上的午餐（習作），1865
Le déjeuner sur l'herbe

　　這個版本如今在莫斯科，是幅較小的習作，莫內想以這幅畫作參加沙龍展，而先用這幅習作讓人知道完成的作品會是什麼樣子。這幅畫很可能是在楓丹白露森林裡畫的初步習作，提供後來在畫室裡完成的真正作品的參考。

藉藉無名，但這兩件作品却宣告了一位新銳畫家正式踏入畫壇。這兩件作品仍然缺乏長久鑽研所得的細緻，但畫家處理相近色調形成的色彩諧度，和畫中整體表現出來的色彩感覺，是畫作最引人之處。畫家顯露了他大胆創新的見解，以及表現其概念的能力。莫內先生已經展露他作為一位畫家所必須具備的潛力，我們對這位出色的海景畫家應寄予特殊的期待。」

　　1865年沙龍展的《美術通訊》中，評論家對這位可能創造藝壇歷史的青年藝術家大力推薦，雖是出於藝評家的慧眼，才得以在沙龍展會場高懸無數作品的五個長排中，單挑到莫內這兩幅色調含蓄，取材平實的海景畫，但顯然年輕畫家這兩幅沈靜無華的作品，在沙龍展眾畫喧嘩，競相展現風姿中分外突出，才是它引人入勝的關鍵。

　　莫內首次沙龍展的成功，也要歸功於巴比榕畫派早先奠下的基礎，使得評審一眼就注意到他處理自然景色的特殊手法。莫內早年的確和寫實主義畫家們走得很近。尤其是哥賀、查理・法蘭斯瓦・多比尼（Charles François Daubigny，1817-1878）和康斯坦・托依翁（Constant Troyon，1810-1865）這些常到楓丹白露（Fotainebleau）森林寫生的巴比榕派畫家們。他們都由日常生活中尋找素材，對大眾趨之若鶩、具有歷史意義的事件不屑一顧。對自然景物的研摹成了他們獨樹一格的畫風，但他們的作品大都還是在畫室裡完成的。莫內自己也常到楓丹白露寫生(第10頁)，不時會遇見巴比榕派的畫家，但他的雄心則是要超越巴比榕大師們所表現的風景畫。莫內覺得，人物畫，尤其是大型巨構，就是成功的保證：如果不想讓自己的作品被沙龍展的現場佈置人員打入冷宮，遙遙掛在屋頂附近觀眾用望遠鏡才看得見的地方，就得拿出一鳴驚人的作品，讓人絕對無法忽視──所以他的畫幅越來越大，而如巴黎人所說的大機器(grandes machines)也就成了必然的結果。說起來，莫內

直到年邁時，莫內仍將＜草地上的午餐＞中央的部分保留在他的畫室裡，而且喜歡告訴參觀的訪客（照片中是特烈維公爵）這幅畫未完成的原由。

愛德華・馬奈（Edouard Manet）：
草地上的午餐，1863
Le déjeuner sur l'herbe

雖然生性叛逆，在筆法和用色上自創機杼，別具一格，但仍期望在沙龍展的制度內獲得肯定。

在此之前數年，作品屢遭沙龍展貶抑的爭議性人物馬奈，曾以一幅＜草地上的午餐＞（第12頁）惹出一場大風波。這幅畫描繪兩個城市男子在一名裸女的作陪下，在林間享用麵包、水果和酒，背景則有另一名女子在水邊濯足。此畫因此引起喧然大波而一夕成名。觀眾對沙龍另一位畫家，亞歷山大・加巴那（Alexandre Cabanel，1823-1889）筆下色情意味不相上下的裸體維那斯噴噴讚賞之餘，對馬奈的畫卻鄙夷至極。馬奈只不過沒像一般畫家一樣，把色情包裝在神話故事的神聖表面之下，就捅翻了馬蜂窩，一舉出了名。他那種自然不做作的畫風，也因此被指為粗俗不堪。

莫內本人對馬奈的技法頗為激賞。1863年他首次見識到馬奈的作品，所受影響立即反應在他較為鮮艷的用色上。此時莫內嘗試超越馬奈，他獨自做了一趟寫生之旅，畫了一幅4.2×6.5公尺的巨構，以真人實物大小的12人林間午餐寫生，畫面上果酒滿溢（第11-13頁）。

草地上的午餐（左邊和中央部份），1865
Le déjeuner sur l'herbe
　　由於數月交不出房租，莫內把這幅畫交給房東當作抵押。幾年後他要回這幅畫時，畫面已經破損發霉，被溼氣毀壞了，這麼巨大的一幅作品只剩下兩個部份可以保存下來。

午餐，1868
Le déjeuner
　中產階級的田園景緻，對當時還很貧窮的莫內而言，是未來的夢想。這幅作品是莫內最後一幅受馬奈影響的畫作，表現出法國人常吃的早午餐的情景，沙拉，葡萄酒與雞蛋和報紙一起上桌。

　　馬奈的作品是在畫室裡完成的，技巧的使用繁複無比。莫內的作品卻是戶外寫生，講求即事即景。馬奈帶給大眾的震撼在於他把一個沒有任何道學故事掩護的女人，赤裸裸地端上畫面，置於身著日常服裝的紳士旁(而且還以挑釁的眼神直瞪著眾人)。莫內則把野餐還原為巴黎人的午餐實景。看起來莫內很在意那些針對這位前輩畫家的批評，盡可能不逾越規矩，以博得沙龍展的青睞。

　　莫內的〈午餐〉一畫繪於1865年。那年夏天，莫內和十九歲的愛人卡蜜兒・冬希爾(Camille Doncieux)及友人巴漢依(和莫內共用一間工作室)同赴楓丹白露森林。這兩個人在那兒耐心的或坐、或立、或臥，擺出各種姿態供莫內作畫。莫內花了整個秋天，在巴黎的畫室裡，把這些畫重描成大幅巨構，然後在冬天繼續瘋狂地畫。在次年春天沙龍展開幕前不久，莫內忽然發現自己不可能在開幕之前完成這幅作品。他擱下此作，然後——就像人們日後宣稱的——在四天之內完成了卡蜜兒的巨幅畫像：〈卡蜜兒，綠衣女子〉(第15頁)。

　　如果莫內在上回沙龍展展出的風景畫作所獲的讚賞純屬批評家的垂青，這回的卡蜜兒畫像則獲得了絕對的成功。批評家眾口同聲，讚譽備至。畫中絲質裙擺的表現手法尤受矚目。批評家甚至拿莫內此畫和往昔的大師，以運用華麗色彩著名的威尼斯畫派畫家費洛尼斯(Veronese, 1528-1588)的作品相提並論。愛彌兒・左拉(Emile Zola，1840-1902)就這樣說：「裙裾質感既柔軟又堅韌，像有生命般慵懶地拖垂著，彷彿向我們低聲傾吐穿著者的心事。這件衣裳並非像裹覆著玩偶軀體的布料，它收藏著綺夢麗思：畫裡描繪的，是真正精美絕倫、真正『穿著的』絲料。」批評家對栩栩如生的畫中人物同樣地讚賞。這幅畫非但精確捕捉了畫中人轉身欲走的瞬間姿勢，人物動靜之間的神色也描繪得入木三分。左拉著迷於畫家的寫實技法，興奮地說：「真的——這幅畫把個性表現出來了！——這才是一群失勢閹割者中僅見的真正的男人！」

　　莫內曾想藉〈午餐〉一畫超越馬奈。但〈卡蜜兒〉，或說〈綠衣女子〉一畫卻為他贏得令名，使他成為別人學習、超越的目標。「是莫內？是馬奈？」一位批評家在《月亮》(La Lune)雜誌上撰文道：「是莫內。可是先有馬奈才造就了莫內。太棒了！莫內。謝謝你，馬奈。」

　　成功激勵莫內更加努力，促使他把目標放在人像畫上。他並沒放棄創作巨型人物畫的想法，但是先進行一些較為小幅，以戶外四名女子為題材的畫作，並且決定要完全在戶外實地作畫。

卡蜜兒或綠衣女子，1866
Camille ou Femme à la robe verte

找到主題

沒有什麼能讓莫內歇息。第一次沙龍畫展獲得成功後，莫內仍繼續描繪人物，這實不足為奇，因為當時的評審委員、藝評家及民眾都相信人物畫勝過一切，而風景畫不過是聊備一格罷了。

左拉寫道，在風景畫中畫上實物大小的人物，是每位藝術家夢寐以求的事；當然這也是莫內的夢想。但由於〈午餐〉的慘痛教訓，在畫〈花園中的女人〉(第16頁)時，莫內便選擇尺寸較易掌控的畫布到戶外作畫，而不是在畫室裡將素描轉繪成更大的版面。即使畫布只有兩公尺乘兩公尺半大小，畫起來仍然相當費事。有些藝術家朋友，例如庫爾貝就曾嘲笑莫內在處理如此巨幅作品上面的部分之前，得先挖出一條溝來安置畫布下方，才能自由揮灑。

莫內再度失敗了，他確實完成了這幅畫，卻不受沙龍的評審青睞。後世也都認為(不像稍後他那些一開始就被否決的作品)〈花園中的女人〉整體說來並不成功。畫中人物好像立在花園裏的假人，無法和自然景物融合。卡蜜兒為了這些人物的姿勢，不厭其煩地又站又坐，她似乎凝滯在她的姿勢中，而圖右邊的女人滑行的姿態，像是在裙底下藏有一部電車似的奇怪。而花園裡這些女人似乎未被賦予任何意義，莫內似乎對這些人物個別的心理狀態不感興趣。這幅畫與受萬人景仰的〈綠衣女子〉真有天壤之別。

然而這幅畫仍有它的迷人之處，畫面上處理陽光的方式，使得此畫在那個時代格外獨特，陽光灑落的小道彷彿鋪了一條大毛巾。莫內特別強調花朵的明淨，並大膽地將光影落在前方女士的禮服上。陽光透過陽傘照在臉上，造成柔和的光澤，正好迎上由明亮的服裝反射出來的亮光。他賦予圖像生命——不是人的生命，而是光與影的生命。他的處理方式十分清新，在表現戶外人物時呈現對比的氣勢，散發一種自發的、不受拘束的力量。比較起來，馬奈〈草地上的午餐〉裡的人物像是在攝影棚裡擺姿勢，而在〈花園中的女人〉裡，莫內則找到了他的主題：光。

次年，1867年，莫內與雷諾瓦一同在巴黎作畫。他的〈聖哲曼奧塞瓦教堂〉(第18頁)，是在一個陽光普照的早晨，在羅浮宮二樓所畫的。〈公主花園〉(第19頁)同樣是在羅浮宮作畫，但這次則是在陰暗的光線下畫。莫內已不再對細節或時興的裝飾品感到興趣，他畫中的人物轉變成點和劃，不帶有任何故事，也沒有呈現時尚的企圖；在這裡，人物只是用來構成空間和接受光線。

莫內為了精確記錄當代的生活，仔細研究了巴黎的時裝。像〈草地上的午餐〉一樣，他也用雜誌裡的圖片為參考，幫助他畫〈花園中的女人〉。

花園中的女人，1866
Femmes au jardin

聖哲曼奧塞瓦教堂，1867
Saint-Germain-l'Auxerrois

　　1867年春天，莫內在羅浮宮的陽台上畫下這
幅畫，向逐漸成為多采多姿的大都會巴黎致
敬。和馬奈、竇加不同的是，莫內對城市感興
趣的時期相當短暫。

公主花園，1867
La jardin de l'infante

　　這兩幅畫皆展示出新穎、現代的巴黎。哥德式教堂前的廣場上，有栽植不久的新嫩栗樹，畫中的建築物也提醒了我們，這個都市不久前才有過的激烈市貌變革。在「第二帝國」的年代裡，巴黎塑造出世界性都會的形象，這形象一直保持到現在。彎曲的小路和中古時代的窄巷一一被摧毀，取而代之的是高雅堂皇的新巴洛克大道和龐大的建築，設計者是拿破崙三世的都市計劃師，奧斯曼男爵（Baron Haussmann，1809-1891），一個雄心勃勃，想為巴黎建立新秩序的工程師。從此以後，整個都市變得較從前明亮、寬廣、風格鮮明。這些改變對社會有驚人的影響，少數投機者藉此致富，較貧窮的傳統市民則被驅逐到郊區；改變的同時也造就了一番繁華壯觀的景象，年輕的藝術家顯然發現了其中迷人之處。莫內也開始畫這個新都會、街上的馬車，以及漫步街頭的市民。

　　而事實上，莫內自己卻無法分享繁華帶來的富裕，他不僅幾番被沙龍展斷然拒絕，也沒有任何能夠依賴的贊助者，只靠著偶爾受人委託作畫以及朋友的支助維生；他的家人拒絕給他生活津貼，因為他們堅決反對莫內與一個出身卑微的女人——卡蜜兒同居。巴濟依在財務上較寬裕，經常幫助莫內渡過難關，他讓莫內使用他的畫室，甚至買下莫內的〈花園

龍鹿北齋：
在五百羅漢廟宇的佐江展示館，1829-33
　莫內在＜聖阿黛斯的陽台＞裡，使用一層又一層的水平線來構圖，顯得異常緊湊，如果我們知道莫內的靈感來自當時很受歡迎的日本版畫，這種畫風就非常容易了解。

中的女人〉，花了二千五百法郎，以每個月五十法郎分期付款，這對一個
默默無聞的畫家來說，是很高的價錢；但即使有這位善心的贊助者，莫
內的房租、食物，及繪畫材料的開銷仍都是問題，於是他只好假裝和卡
蜜兒分手，他的家人馬上收容了他。1867年的夏天，莫內在聖阿黛斯的
姑媽（或舅媽）的鄉村小屋裡渡過。他寫信告訴巴濟依他的苦衷，並請巴
濟依照顧仍在巴黎的卡蜜兒。卡蜜兒於當年八月八日生下他們的第一個
兒子，尚（Jean）；而莫內為了要得到親人的支助，仍在諾曼第（Norman-
die）扮演著家庭中一份子的角色；六月二十六日，他寫信給巴濟依，說
道：「這兩個星期來，我沈浸在家人的懷抱中，一家團圓，和樂無窮。他
們都對我很好，我每一下筆，都充滿了愉悅。我有一大堆的畫要作，大
約有二十幅海景、人物和花園。」

　　花園是莫內終其一生都在探索處理的一個主題。在聖阿黛斯的前一
年，他就醉心於花園的多采多姿與富饒的景象。而花園裡的光鮮與華美，
刺激他去追求光線與色彩的力量與影響。在〈聖阿黛斯的花園〉（第20頁）
中，陽光將色彩從寫實主義藝術家筆下的土地中搖醒；藉著白色，以及
蒼翠、互補的綠色，將紅色襯托得更鮮明。在〈聖阿黛斯的陽台〉（第21

聖阿黛斯的陽台，1867
Terrasse à Sainte-Adresse
　莫內結合陽光、海洋、人物和花朵，將它們
放在同一畫面裡，這在當時必定是個大膽的作
風。但他的色彩運用及筆法，卻較接近早期的
寫實作風，而不像印象派。

21

頁），花和光與莫內的第一個主題—水—結合在一起，這幅畫很可能與〈聖阿黛斯的花園〉作於同年，據後來莫內所述，位於前景的人物即是他的父親。這幅畫的筆法不如巴黎系列的圖畫來得寫意，不管人物、陽台或海洋都顯得僵硬，即使如此，畫面上對陽光的運用仍勝過〈花園中的女人〉。莫內在這裡首度以色彩描繪陰影，至於花朵，他則用明亮的單色任意點綴出來，手法比從前更加自由。

　　莫內首次登上沙龍展時即以海景畫家著稱，而終其一生他都沈迷海洋繪畫，除了風格獨特的休閒娛樂場所以及賽舟會外，最令莫內著迷的還是海水本身，晴朗無風時，一片恬靜，狂風暴雨時，却是陰霾昏暗。他也喜歡畫湖水、池塘，和反覆出現筆下的塞納河。在這些畫中他不僅仔細研究了天氣的轉變及水的形態（第23頁），並且留心觀察水面豐富的反映作用。水影能將山光景色分離後又重組，在鏡般的水面上，天空和雲，房屋和樹，人和船都變成了二度空間的意像，不再是有形具體的實物。像〈班納庫爾的河畔〉（第22頁）這幅畫裡，水對莫內而言是個抽象的

班納庫爾的河畔，1868
Au bord de l'eau, Bennecourt
　　莫內利用水中倒影，往抽象的畫法發展。大自然和它的鏡中反影，在畫布上組合成單一的整體，完全背離空間幻覺的精神。

艾特達的暴風雨海面，約1873
Grosse mer à Etretat

工具，畫中的色塊無法具象辨認，不具實體表現的功能，卻賦予全畫一種富節奏感的構成。如鏡的水面將空間在風景藝術中的重要性給模糊掉了，整幅畫朝非具象，即抽象藝術跨進了重要的一步；莫內向抽象邁進的原則，在他早期的作品，如這幅畫中已可明顯看出，而到他晚期作品如山光水色及崖壁繪畫，尤其是著名的睡蓮系列，更是有過之而無不及。

但在達到爐火純青的階段之前，他努力下了好幾年的工夫。莫內年復一年，反覆嘗試使用傳統繪畫的張力來構圖，將景物重新佈局。這期間他經歷了多年的貧困，甚至絕望。無庸置疑，莫內不能無限期地作假，更不能罔顧情人與愛子。他終於回到巴黎，重新面對公眾對他畫作的拒絕，掙扎求存於基本的生計問題，而巴濟依往往是他唯一的支援。為了經濟理由，莫內寫了無數封信給這位忠實慷慨的朋友，這些信留傳下來正好作為莫內困境的佐證。接下來的秋天，莫內遇見一位勒阿弗爾的海運大王高迪貝(Gaudibert)，他的窘困才稍微紓解。莫內畫了許多肖像畫，包括高迪貝夫人的肖像，心情暫時好轉。1868年十二月，他寫信給巴黎的巴濟依：「我在這裡，四周皆是我所愛的事物。我把時間花在戶外，在暴風雨中或是漁船出海時的海灘上⋯⋯。傍晚時分，我親愛的朋友，在我的小房子裡有溫暖的火，及小家庭的愜意。真希望你能看到你的教子現在有多可愛！這一切還得感謝在勒阿弗爾這位紳士的幫忙。我現在正享受著一段平靜、沒有雜務干擾的時光。希望永遠這樣，待在一個平和隱密的地方。」但這番閒逸的田園生活就在這年猝然終止，因為莫內必須躲避債主而回到巴黎，將一大堆畫留在勒阿弗爾。他對花園、水、光的專注降低了他的銷售行情，也削弱了公眾認同的希望。光、花朵和水使這位年輕的藝術家離沙龍展愈來愈遠。

永遠是星期天的世界

布丹鼓勵莫內到戶外去作畫，莫內從他身上學到，只要在戶外，不管畫什麼，筆觸中都有一種精神和生命力，這是在畫室裡無法得到的。藝術家若在畫室裡工作，容易落入學院派的法則或重複自己的創作形式，但在戶外作畫則迫使你不斷地對變化多端的空氣與光線做不同的反應。當然每個時代的畫家都作過戶外寫生，用鉛筆、炭筆或是水彩，將大自然的現象記錄下來，到了十八世紀以後，甚至直接用油畫顏料；但這些畫都只是草圖，終究還是要在畫室裡轉換到畫布上，但在畫室裡，學院派的法則將主導所有傳統構圖的創作。如今，藝術的新作風包含的革命性，就是帶著畫架與畫布，調色板與油彩，到戶外去起草、上色，甚至就在戶外將畫完成。莫內就是第一批將畫室移到戶外的藝術家。往昔在戶外將畫粉和油混在一起（特別是在諾曼第的強風之中）是件非常困難的事，因而當時裝顏料的小軟管這項新發明對在戶外作畫著實是項重大的貢獻。雖然如此，戶外作畫始終是一項複雜艱困的工作。莫內在夏天時帶著他作畫的行頭和一把大陽傘來阻擋陽光直射畫布。在寒冷的季節裡，他則身著毛衣、長靴與幾層的外套毛毯，忙碌地在戶外尋找寫生題材。當風吹起時，他用繩索將畫架和畫布綁緊，但即使如此，大自然依舊作弄他；有一次，他記錯了潮汐的時間，一陣怪異的海浪將他連人帶用具和畫布，一併捲入海濤中。一位當代的藝評人即嘲弄道：「藝術的鬥士必須英勇過人。」

稍早幾年，藝術家若想離開巴黎市中心，帶著顏料與畫布，到達比公園更遠的地方寫生，實在是件麻煩且煩瑣的事，因為要用馬車或車子裝載器材，藝術家得小有資產才行。然而，自從1850年代鐵軌連接完成後，靠近巴黎的村落感覺便近了，連貧窮的藝術家也可以支付到鄉間的費用。每小時都有火車從東站開往亞讓德伊（Argenteuil）、布吉瓦（Bougival）、亞斯尼荷（Asnières）及其它塞納河畔的村落，從首都到幾處時興的濱海遊樂區，如德奧維、翁浮勒和特魯維，不過才若干鐘頭的時間。這些旅行到外地去工作的畫家和來自社會各階層的旅客坐在同一節車廂裡。有史以來，都市的勞工人口和中下階級份子第一次能揚棄腳上的都市塵土，出去旅行——起碼可以輕鬆一天。1875年一齣滑稽歌劇（opéra bouffe）裡的主角，巴塔發先生（Monsieur Bartaval），如是描述著一個鄉間的週末：「當我出發時，我心想，我要呼吸新鮮空氣，享受陽光和綠意！…啊，是的，綠意盎然！然而替代矢車菊、罌粟花的，卻

安東尼・莫龍（Antony Morlon）：
青蛙潭（局部），1880-90
La Grenouillère
　城市居民到鄉間渡假。到郊外郊遊原本是有馬有（馬）車的貴族或上流人士的特權，現在由於鐵路的興建，人人皆可辦到。

漫步・撐陽傘的女人，1875
La promenade・La femme à l'ombrelle

亞讓德伊賽舟會，1872
Régates à Argenteuil

特魯維的黑岩飯店，1870
Hôtel des Roches Noires, Trouville

是大草原上躺著衣飾老舊的人……到處是浣衣女而不見一個牧羊女……還有嘲弄你的馬車夫，殷勤招攬客人的餐館老闆……讓你走失女兒的森林……及讓你和女婿走散的旅館！……而這一切，親愛的約瑟夫……這一切正是所謂的——巴黎近郊——的忠實寫照……。」這個時期的許多諷刺文章和漫畫，都在描寫這些塞納河畔的小城鎮所歷經的反自然和工業化現象，以及在印象派時期，郊區變成都市人休閒娛樂區的過程。「任何地方只要有小小一塊草地，上面長著半打營養不良的樹，地主便趕緊在此地興建舞廳或餐館。」

　　1869年夏天，莫內與雷諾瓦在布吉瓦各自畫了一幅〈青蛙潭〉（第28／29頁）。這兩位藝術家幾乎採取了相同的視角，雷諾瓦似乎站在莫內的右邊，較靠近池水。但兩者都以名為花盆的池中島（因孤島上長著一棵樹而得名）上尋樂的人們當主題。兩人只是單純地記錄景物，然而這點相似之處也同時促使我們注意到兩位藝術家不同的風格：莫內以清楚的、水平的筆法來建構他的畫作，畫中明亮的部分以節制但有力的方式強調出來，筆法充滿生氣，而雷諾瓦的畫則有一種輕快的朦朧感；莫內使用的色彩較少，感覺寂靜清冷，雷諾瓦的色彩則較溫和，畫中的紅色調令人感覺煦暖；莫內對流行時尚不感興趣，他的人物不過是幾筆簡單筆觸，雷諾瓦則講究陽光下衣服的質感，對時下流行的細節也有獨到的眼光。在雷諾瓦的構圖中，焦點在中心，產生一種私密格局的舒適感；而莫內則平均分配陰影，並特別將邊緣處塗亮，分散了中心的焦點，在整個視

米蘭達（Miranda）：
青蛙潭
La Grenouillère

　　青蛙潭是個甚受歡迎的地方，它的名稱不僅是指青蛙，在法文裏，「青蛙」也是指那些以愛情賺取金錢的年輕女子。

奧古斯特・雷諾瓦（Auguste Renoir）：
青蛙潭，1869
La Grenouillère

野上建立起較廣濶的動感，創造出畫面和景深之間的和諧。這種向邊緣轉移張力的手法是莫內構圖的特點。如果比較〈班納庫爾的河畔〉（第22頁）及〈聖阿黛斯的陽台〉（第21頁）這兩幅畫，我們會發現在〈青蛙潭〉裡，莫內雖然仍將水面當作構圖的一種式樣，卻已成功地掌握水面的特性。〈花園中的女人〉（第16頁）和〈聖阿黛斯的陽台〉裏，水的畫面仍有種生硬的感覺，像是歌劇背景似的，但在這幅作品裏，已經毫無這種生硬感了。

像〈青蛙潭〉以晴天為場景的畫，有一段時間成為傳統，這傳統在安端・華鐸（Antoine Watteau，1684-1721）的法蘭德斯風藝術中發揮到最高峯。而印象派畫家中，雷諾瓦比莫內承繼了更多這種田園畫的傳統，但他們畫的不是偏僻的鄉村，而是像巴塔發先生所描述的人煙雜沓的景象。莫內畫中戲水及賽舟的場景，描繪了早期休閒業的光景，休閒業使城市居民得以在大自然所提供的場所中消磨時光。這些描繪鄉間週日風光的畫，就像是巴黎當代生活的寫照，其意義非僅限於當時：這些作品慎重地記錄莫內那個時代的日常生活中所謂的現代風格。

從我們的觀點來看，很難理解為什麼這些描繪休閒與假日時光的畫作在當時會受到苛刻的批評，並且遭到學院與民眾的嚴厲拒絕。這種反

青蛙潭，1869
La Grenouillère

　這個上頭只長著一棵樹的圓形小島，俗稱「花盆」。對莫內和雷諾瓦而言，它是早期印象派繪畫一個很有吸引力的畫題。他們肩並肩畫相同的主題，雖然難免有類同之處，但同時也顯示兩位藝術家基本上的差異。

29

應乃基於三項因素的影響：繪畫技巧、色彩經營以及對人物的處理方式。印象派藝術家為了建立起他們對光與色彩直接立即的印象，發展出獨特的手法，即大量使用輕鬆的筆法及逗號般的塗點，將較明亮的色調與較深暗、但仍有色彩層次的陰影並置，而沒有任何中間色的變調。這樣的手法在作草圖或素描上可能廣被接受，但人們對一幅成品的期待卻是相當不同的，因此印象派畫家並未通過藝術家必備之作畫技巧的測試，更冒失的是，人們會從印象派主義圖畫的大小，來判斷一件作品是否完整。尤有甚者，一般人早已習慣了自然主義的世俗色調，或是尚‧奧古斯特‧多米尼加‧安格爾（Jean Auguste Dominique Ingres，

桑丹姆港口，1871
Le port de Zaandam

1780-1867）及其弟子們金屬般冰冷的色調，因此，莫內的藝術所散發的炫爛光彩，便具有一種強烈而醒目的煽動性。在那個時期，安格爾對學院派藝術有舉足輕重的影響，他促使構圖技巧成為繪畫的基本要素。安格爾是古典主義者夏克‧路易‧大衛（Jacques-Louis David，1748-1825）的弟子，對拉菲爾（Raphael，1483-1520）十分讚賞，他非常強調草圖清晰，色彩柔和細緻，以及輪廓的厚重。許多中產階級都喜歡他，他因此有數不盡的肖像要畫。而一幅畫好壞的標準，在於輪廓是否清晰，古老傳統技法的訓練以及畫面的文雅優美。「畫線條，許許多多的線條」，安格爾就是這樣百般囑咐他的弟子；在他眼中，色彩只是額外的事物。安格爾及大多數的學院派藝術家，終其一生都反對德拉克窪視色彩為第一要素，而德氏（如同後來的庫爾貝和莫內）為了獲取沙龍展的承認，也奮鬥了很長一段時間。即使德拉克窪的繪畫明暗對比相當戲劇性，線條和色彩像是隨意地竄入中心，彷彿剛好湊在一起，建構出人物的圖案，但與印象派逗點式的筆法與明亮繽紛的色彩相較之下，他的技巧仍屬舊式傳統。

　　一般人對人物畫有較高的評價，莫內及其同輩對人物的處理方式，

J.M.W.泰納(J.M.W.Turner)：
遊艇航近海岸，1838-40
Yacht Approaching the Coast
　在倫敦，泰納作品中的氣氛美學，和形式與光的運用方式，都深深打動了莫內。這位英國畫家是印象畫派的主要影響因素之一。

印象・日出，1873
Impression, soleil levant
　這幅勒阿弗爾港口氣氛氤氳的晨景，使這項新興的繪畫運動有了自己的名字。藝評家路易‧勒法嘲笑這些新派的藝術家說：「一張未完成的壁紙都比這幅海景要完整多了！」

頗受當代人的爭議。學院派的畫家喜歡畫中產階級的紳士，像列奧尼達(Leonidas)或奧狄席斯(Odysseus)，以及貴婦人，像美麗的海倫或勇敢的黛安娜，他們都是身穿古式高貴的長袍。然而出現在莫內畫中漫步的市民影像，只不過是些破碎色片，就像和風停息時的三角旗；莫內筆下的人物，有如草叢或煙霧，只是光影駐足的地方。「我在卡布欣大道上漫步時，就是這副德性嗎？」1874年四月，當〈卡布欣大道〉(第33頁)在印象派首度聯展中展出時，藝評家兼風俗畫家路易‧勒法(Louis Leroy)在一本譏諷性的雜誌《喧鬧》中質問：「惡魔才會接受這樣的東西，你是在嘲弄我們嗎？」

　　大約十年的光景，這些年輕的藝術家一直受到公眾的排斥，現在他們決定要自己來掌理一切。莫內、雷諾瓦、畢沙荷、希斯萊、艾德加‧竇加(Edgar Degas，1834-1917)、保羅‧塞尚(Paul Cézanne，1839-1906)以及其他許多人，創辦了「藝術家、畫家、彫刻家、版畫家等之無名畫會」(Société anonyme des artistes, peintres, sculpteurs, graveurs, etc.)，以獨立於沙龍展之外的名義來展示他們的作品。但是他們的首度展覽卻得不到民眾的青睞，沙龍展每天有八千至一萬人蜂擁而

1874年四月十五日，新藝術家畫會的第一次聯展，在知名攝影師納達的舊工作室中舉行，這間工作室座落在別具風格的卡布欣大道上。

卡布欣大道（局部）

至，而印象派畫展第一天勉強有175人參觀，到最後一天只有54人，而大部份的人只是來嘲弄揶揄展出的藝術作品。然而這項新運動卻在這次的展覽中得到正名。路易‧勒法在《喧鬧》雜誌中的文章，標題即為：《印象派畫展》，而這個名字正是借自於莫內的一幅海景畫的標題〈印象‧日出〉（第31頁），他徹底地批評這項新藝術：「印象——真是千真萬確啊！如果我對什麼有印象，那必定是有什麼東西能喚起我的印象。這幅畫的筆法毫無章法，一張未完成的壁紙都比這幅海景要完整多了！」

在這幅名畫中，莫內使用稀釋過的顏料及細膩的筆法，將他印象中勒阿弗爾港口的早晨記錄下來。透過簡潔大膽的筆觸，他將陽光反映出的橘紅色與各種灰色做了調和與配置；薄霧中的船桅及煙囪雖然模糊不清，但這些直線條和斜線條卻建構出一幅畫的架構，賦予畫面結構與生機。他以輕鬆的筆法簡略而直接地記錄下他瞬間的印象，不但引起觀眾的反感，還被認為是極端粗劣的作法。

印象派被如此命名，原本帶有嘲笑的意味，但這個標籤還就此留下了。勒法那篇帶刺的文章刊登於《喧鬧》的同時，一位善意的批評家寫道；「如果要將他們的目標一言以蔽之，那麼我們就得創造『印象派』這樣的詞；他們是印象派，他們並不複製風景，而是將觀看者的印象表達出來。」

如今我們不把印象主義當作一項革命性的新起點，也不把它當作是任何一位藝術家的個人成就，而把它看成是整個十九世紀上半葉的意念、技巧與觀察更深層的發展，雖然一直到莫內和他的同輩們，這些概念和作法才徹底地實現。所謂印象，是指由風景或其它的主題在瞬間引起的視覺衝擊。人的眼睛並不能在瞬間將所有的細節都有意識地記錄下來，而是經過對建築物、路人或其它事物凝視較久之後，我們才看見了窗戶、建築物正面的裝飾、一頂時髦的帽子或是一張高貴的面孔，在一段為時較久的細察期間，我們的大腦趕上了眼睛，將第一印象排除，取而代之的是經驗、傳統的感知或想像力反射的總結。一般的印象派藝術家，尤其是莫內，都希望能保留住第一眼剎那間的新鮮感，不必經歷感知作用的歸類或者傳統的規則。當莫內睜開眼睛時，他看到的是一塊塊的色彩、表面的圖案，以及由光線表現出來的空氣；他所接收到的印象即是他在畫布上的主題。「他只是看一眼罷了——但多奇妙的一眼啊！」保羅‧塞尚對莫內留下這句著名的評論，而這句話也適切地點出了他那些藝術家同伴的目標。莫內所謂的「瞬間性」（l'instantanéité）成為他畢生的功課，並且一再地將他逼入絕境，因為企圖以永恒的形式保留消逝的瞬間時，就存在著本質上無法解決的矛盾。

卡布欣大道，1873
Boulevard des Capucines
莫內以朦朧和片斷的光線印象來描繪林蔭大道上絡繹不絕的人潮，筆法是充沛而有力的點畫。欣賞這幅畫時，我們得到的是全面整體的印象，而不見個別人物或細節的描繪。

亞讓德伊的橋梁

端莊的女士身著沙沙作響的禮服，手持高雅的陽傘，社會名流在森林中享受野餐，或在布吉瓦的游泳池泡水冲涼，這些對我們來說，都是一種懷舊情懷美化後的產物，但就莫內的時代而言，這些主題卻是現代風尚的極致表現；新一代的藝術家明確地設立了自己的目標，並朝目標前進，因此與偏好古代英雄或中世紀浪漫故事的學院派形成對立狀態。但他們當中像莫內這麼一心一意地記錄下那個時代精神的藝術家仍屬少有，從莫內早期的人物畫與當時流行服飾的雜誌插圖中，我們可以看出他的堅持；另外，我們也可以從他對當代巴黎的描繪、他所畫的勒阿弗爾的煙囪，或是他所捕捉下來的時髦休閒活動當中，清楚了解莫內是如何地貫徹始終。

1871年秋天，在普法戰爭後(戰爭期間莫內為了躲避徵兵而搬到倫敦住)，莫內搬到亞讓德伊，在此一年前他已和卡蜜兒結婚，他們帶著兒子，尚，一家三口在市郊租了間有花園的房子。亞讓德伊位於巴黎東北約十公里處，當時被形容是「一座美麗的城鎮，優雅地座落在低丘上，塞納河右岸有層層疊升的葡萄園。」和布吉瓦和亞斯尼荷一樣，這裡週末也頗受巴黎觀光客的青睞，不僅有賽舟、色彩鮮明的都市人潮、餐館、咖啡屋、日光浴場和未被破壞的罌粟園，還有人在陽光下划船漫遊；總之，這些豐饒的題材，深深吸引著藝術家。在往後那幾年，亞讓德伊成為印象派最喜愛的一片天地。

結束了荷蘭和諾曼第之旅，以及巴黎幾個地方短暫的走訪後，莫內定居在亞讓德伊，在此作畫一直到1878年搬到維特耶(Vétheuil)為止。卡蜜兒的嫁粧以及莫內從父親死後繼承的財產，使得他們初次能過著較舒適寬裕的生活。莫內這時候開始獲得一位畫商保羅‧杜杭-胡耶(Paul Duran-Ruel，1831-1922)的支持，莫內在倫敦認識此人，起初他很難賣出莫內的畫，但仍定期向莫內買畫。

從一些信件與詳細的帳目裡，我們可以相當清楚地描繪出莫內的家庭生活，到了1875年左右，他們不僅富裕，還有錢支付兩個僕人和一個園丁。而這樣的中產階級生活，可以從幾幅呈現天倫親情的畫作中明顯看出，像〈午餐〉(第36頁)這幅畫，表現出卡蜜兒和年幼的尚在整理得非常漂亮的夏日花園裡，舖蓋白色桌巾的桌子上，放著昂貴的中國式茶杯以及一個銀壺，而貴婦的夏季禮服和掛在樹上的草帽，更點出這種富裕的休閒生活。〈藝術家宅中的尚‧莫內〉(第37頁)則讓我們看到家中陰涼

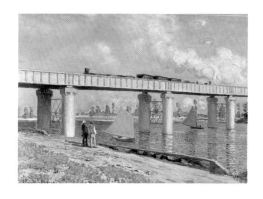

亞讓德伊的鐵軌橋，1873
Le pont du chemin de fer à Argenteuil
　這座橋在莫內作畫當時象徵著邁向新的現代化時代。它把尋歡作樂的都市人帶到鄉村，但也鼓勵人們把新工業安頓到郊區去。

亞讓德伊的鐵軌橋(局部)

的內部，這裡的裝飾吊燈，上蠟的鑲花地板，還有年幼的尚身上穿的水手裝，都再次提醒我們莫內當時優沃的經濟狀況。

　　莫內喜歡和畫商及收藏家交往，他也喜歡邀請朋友留宿。雷諾瓦和畢沙荷都曾經是訪客，而馬奈雖曾譏笑這種充滿安居氣氛的畫，最後也向亞讓德伊投誠，成為莫內的訪客。莫內在這裡遇見了古斯塔夫·蓋伊波特 (Gustave Caillebotte，1848-1894)，他也是個畫家，由於繼承一筆遺產，他的經濟狀況可以完全獨立，而他在後來幾年，也成為早期最重要的印象派藝術收藏家之一。蓋伊波特不僅時常幫助莫內和他的印象派同伴們，還為他們支付展覽所需的費用。1894年他過世後，他的收藏歸於法國政府所有，其中包括十六幅莫內的作品，幾幅大作，例如〈聖拉查爾車站〉(第41頁)，〈午餐〉(第36頁)，和〈亞讓德伊賽舟會〉(第26頁)都在裡面；但官方在許久之後才開始展示部分收藏的作品。蓋伊波特的遺贈為羅浮宮的印象派收藏奠定了基礎，這些作品目前在奧塞博物館 (Musée d'Orsay) 展示。

在亞讓德伊，莫內開始在水上工作。他在大船上加了個小木屋及帆布篷來遮蔽陽光，將它當作可以到處飄流活動的畫室。這原本是多比尼的主意，他是個風景畫家，十五年前便搭著他的船在塞納河及瓦茲河(Oise)上作畫。莫內這艘工作船常常出現在他的畫中，甚至也出現在1874年馬奈的畫作裡(第38頁)，圖中莫內正在河上畫水面風光，也就是在他繪畫的題材上作畫。莫內擅長藉著觀察，直覺地描繪蘆葦間風的感覺或平靜河水的流動，〈亞讓德伊的鐵橋〉(第40頁)和〈亞讓德伊的罌粟園〉(第39頁)顯示出，這類題材的畫作讓藝術家與風景契合無間，完全地開放發展，更加地自由揮灑。

亞讓德伊不僅是個渡假勝地，從十九世紀中葉起便不斷地接受工業化的洗禮；對印象派而言，這種現象反而增添一種吸引力，因為工業即預示著現代化。亞讓德伊靠兩座橋與城市連接，莫內讓兩座橋分別入畫。

見第36頁上
午餐，1873
Le déjeuner

見第36頁下
奧古斯特·雷諾瓦(Auguste Renoir)：
莫內在亞讓德伊的花園裏作畫，1873
Monet peignant dans son jardin à Argenteuil

藝術家宅中的尚·莫內，1875
Un coin d'appartement
在亞讓德伊的前幾年對莫內和他的小家庭來說，是一段神奇的時光。由於經濟寬裕，他在舒適的房子裡過著悠閒的生活，也畫了一些他最明朗快活的作品。

較老的一座(第40頁)原本由木材與石頭所建,在普法戰爭(1870-1871)中被毀壞後重新修建,大致還維持原樣,木質的橋樑現已被鑄鐵取代,但在重建時,大量強調它的裝飾風格,有如出自雕刻師的手筆。另一座(第34和40頁)是鐵軌橋,由於其功能以及水泥和預鑄鐵的建材,使它看來十分具現代感。這座橋在當地也引起了許多爭議,有人稱它為未來的象徵,有人則認為它根本是「醜陋的無頂隧道」。

莫內的畫生動且直接地傳達這兩座橋顯著的特性。鐵軌橋的兩幅畫作具有精準的透視法(第40頁),籠罩在鋼鐵般冰冷的光線底下的橋(第34頁),則頗能表現畫家醉心的現代化工程、科技、工業發展及速度,而火車正是這一切的代表;這幅鐵軌橋(第34頁)可說象徵著曙光乍現,新時代的到來。

舊橋(第40頁)的氣氛比較平和,就外觀來看,它紀念著七月王朝(Monarchie de Juillet),也就是富裕的中產階級的黃金時代;就功能而言,它仍是傳統社會秩序下的產物,供行人和馬車往來,或出門用餐,或享受日光浴,在午後的陽光下,它柔美而莊嚴,方正而紮實。然而就像任何一座橋一樣,它也是一種征服大自然的表現,象徵著文明對蠻荒無情地馴服與教化。事實上,在亞讓德伊並沒有什麼蠻荒,也沒有田園牧歌的景緻。莫內筆下的亞讓德伊是晴空萬里,平靜和諧,同時,他從不忘記表現這是個文明的年代。

莫內畫中的瞬間性很容易讓人聯想到生活快照,卻忽略了與構圖息息相關的結構。令人驚異的是,莫內經常使用軸線來建立對稱關係,這個方法一直是學院派努力避免使用的,因為它往往會使畫面的空間深度感消失,而讓注意力放在平面的圖案上。但這正是它吸引莫內的原因,圖案的組合與變化正是他追求的重點。〈亞讓德伊的鐵橋〉(第40頁上方)

愛德華·馬奈(Edouard Manet):
克勞德·莫內和妻子在他的工作船上,1874
Claude Monet et sa femme dans son studio flottant
馬奈到亞讓德伊拜訪莫內時,畫下莫內在工作船上畫河畔景色的樣子,卡蜜兒靜靜地在船上艙房門邊陪伴著莫內。

船上畫室,1874
Le Bateau-atelier

說明了這一點；莫內在畫布上佈滿由水平線和垂直線構成的格子，為其構圖創造了紮實的表面結構；畫面中的用色發揮了另一種空間深度；橋柱受光面是明亮的黃土色，陰暗面則是灰綠色，兩者形成對比，其它鐵欄的部份也大致使用此手法。至於河水部份則有兩種不同的藍色；以較深暗的藍色為基準，將較亮的藍彰顯出來。莫內採取這些方法，在平面線狀的結構中，用顏色創造出主題的立體感與空間感。

1877年，莫內利用類似的方法，畫了幾幅〈聖拉查爾車站〉(第41頁)，這個車站已經吸引莫內許久，如果雷諾瓦的說法值得採信，那麼莫內確實將這車站佔為己有，他以堅定和幾分自傲的態度，恣意地描繪這個車站：「他穿上最好的服裝，整好帶有花邊的袖扣，悠閒地搖晃著他的金頭手杖，將他的名片遞給西站站長。這位官員愣住了，趕緊傳他進來，這位身居高位的人物請莫內坐下，而莫內只用幾個簡單的字介紹自己：『我是畫家克勞德‧莫內。』站長對藝術一無所知卻又不敢承認，莫內就這樣讓站長在面前躊躇了片刻，然後宣佈：『我決定要畫你的車站，有好長一段時間，我無法決定該選擇北站(Gare du Nord)或是你的，但現在我覺得你的車站較有個性。』一切都照莫內的意思做，火車停駛，月台關閉，

亞讓德伊的罌粟園，1873
Les coquelicots à Argenteuil

「作為一個真正的巴黎人，他總是把巴黎一起帶到鄉下。」愛彌兒‧左拉(Emile Zola)曾這樣描述早期的莫內：「他的風景畫總是有衣著光鮮的女子和紳士。彷彿大自然如果沒有帶著我們生活方式的特徵，就無法引起他的興趣似的。」但隨著歲月流逝，人物逐漸在莫內的風景畫中消失，對大自然的直接印象取代了文明。

亞讓德伊之橋，1874
Le pont d'Argenteuil
　　夏日午後，這座公路大橋在溫暖的光線下，
顯得寬廣而雄偉。透過中央的拱形架構，我們
可以看見塞納河谷豐饒的山丘，而透過右邊的
拱形架構，我們可以看見新的鐵軌大橋。

亞讓德伊的鐵軌橋，1873
Le pont du chemin de fer, Argenteuil
　　莫內畫這座建於1860年代的鐵軌大橋，橋的
後面有曙光所散發的光芒。

火車頭加滿了煤炭，噴出蒸氣來滿足莫內的需求。就這樣，莫內蠻橫地佔據了火車站好幾天，在眾人的敬畏下，完成了六幅作品。」

　　如同畫橋的那幾幅畫，聖拉查爾車站的這幾幅畫中，也有現代工程建造的線條結構，莫內為此津津樂道。他再次使用煙霧、蒸氣和陽光來加強空間的氣氛。莫內的構圖技巧無疑深受日本浮世繪版畫的啟發，自從1871年造訪荷蘭後，或許更早以前，他便開始收集版畫，然後便屢次運用日本畫的構圖概念。日本人處理畫面的方式和西方迥然不同，他們大膽截取各種題材，將主題從中心抽離，也就是這種疏離引起了莫內的興趣。在〈在亞讓德伊卸煤〉(第42頁)這幅畫裡，我們可以清楚看見他如何將題材適切地放在格子狀的構圖當中，母題在整幅畫上形成一種獨特而複雜的節奏。

　　日本一直到了十九世紀中葉才向西方世界開放。瞬息之間，日本風橫掃西方，莫內也沈醉在其中，我們可以從他為卡蜜兒畫的肖像，題為〈日本女人〉(第43頁)的畫當中看出。卡蜜兒身穿華麗的長袍，上面繡著

聖拉查爾車站・火車進站， 1877
La Gare Saint-Lazare. arrivée d'un train
　幾幅橋樑的畫作顯示，莫內著迷於工程師創造出來的線型結構。這個充滿煙霧、蒸氣和陽光的車站，是座科技時代的大教堂。

在亞讓德伊卸煤，1875
Les déchargeurs de charbon, Argenteuil
　　這幅畫在構圖上受到日本浮世繪版畫的影響，人物、走道和運煤的踏板構成格子狀的圖案，使整個畫面呈現出一種節奏感。

一個栩栩如生的日本武士，她正轉向畫家，擺出像〈綠衣女子〉(第15頁)的姿勢，但這一次她不是轉身離開，反而從容嬌媚地擺出逗人的姿勢，為自己搧扇子，而散置於牆上和地上的日本扇子老實說似乎過度誇張。這幅畫很容易被視為莫內對大眾品味及當時流行的日本風讓步，而莫內也確實在第二次印象派展覽中，以可觀的兩千法郎將此畫賣出。無庸置疑，此畫的技法優美但拘謹，顯得較同時期作品平凡，例如〈漫步・撐陽傘的女士〉(第24頁)。值得提出的一點是，莫內讓完全不像日本人的卡蜜兒戴上金黃色的假髮，而她手上拿的則是法國三色旗顏色的扇子。這幅後來被莫內視為垃圾的畫，不僅與莫內所發展的技法相背離，同時也確實對當時橫掃巴黎的日本風，表現出詼諧的揶揄。

歌川廣茂
上總之九十九里浦，1853-56

日本女人，1875(右頁)
La Japonaise

維特耶之冬

　　莫內在亞讓德伊的最後幾年經濟狀況漸趨拮据，這對莫內的作畫動機影響與日俱增。杜杭-胡耶的貯藏室到處是畫，卻少有買主，因此他不得不降低買新畫的數量。當時的經濟狀況整體而言不斷惡化，雖曾有過短暫的景氣，但到1870年代中期為止，戰敗所造成的影響開始彰顯。雖然印象派畫展幾乎年年舉行，但觀賞的人數仍令人失望，而且還遭受學院派批評家的嘲笑。「皮里提耶道(Rue Le Peletier)上的居民惡運連連，」1876年四月三日的《費加洛報》(Le Figaro)上，亞伯・渥夫(Albert Wolff)如是寫道：「首先是劇院發生火災，現在命運又來打擊他們，一項自稱為藝術的展覽剛剛在杜杭-胡耶處開幕……。五、六個狂人被野心朦蔽了眼睛，其中一位是女人，他們展出自己的作品，這些自命為藝術家的人稱自己是反叛者、印象主義者。他們帶著畫布、筆筆和顏料，不分青白地任意揮灑，然後在其上簽名。」這樣的批評不僅是茶餘飯後的話題，也顯示出當時人們對藝術評論的熱衷。批評家的筆極其尖酸，如果他們的評論夠辛辣，且又有傳佈批評意見的優勢，就會受到知識大眾的歡迎。他們為學院派，尤其是法國藝術的價值觀辯護，常常為了玩弄言辭機鋒，而不惜毀掉一個畫家的一生。他們的評斷不但影響藝術家的名聲，同時也影響畫作的銷售。贊助者及收藏者意志都很薄弱，當批評家的意見與他們相左時，他們就無法看清楚眼前的事物——這個現象影響了印象派的市場長達二十多年。

　　鄂尼斯・歐胥德(Ernest Hoschedé)是一位百貨公司的董事長，擁有一幢私人城堡，他並不在意批評家的看法，很早就開始(同樣也是懷著投機商人曖昧的動機)大量收集印象派作品。1876年夏天，他請莫內幫他在蒙傑隆(Montgeron)他所住城堡中的沙龍作裝飾畫。短短的一年後，他破產了，他收藏的畫被拍賣時，許多莫內的畫也以極低的價格售出。其中一幅是〈印象・日出〉(第31頁)，這是歐胥德在第一次印象派展覽時，以八百法郎買下的畫，現在卻以四分之一的價格轉售。對印象派的人來說，這次拍賣是件淒慘的事，他們的畫所掙來的價格，曾經一時時將他們往上拉拔，而今卻在眾目睽睽之下跌到谷底。莫內認為該是重新再起的時候了。他已將近四十歲，不再是十年前的光景。1875年六月廿八日，他寫信給馬奈：「情況愈來愈糟。從前天起我已身無分文，到處聲名狼籍，包括在肉舖和麵包店都是。即使我對未來有信心，但目前的狀況實在艱辛。你可不可能立即寄二十法郎給我？這將幫我渡過難關。」1870年

卡蜜兒・莫內的尚像（？），1866/67
Portrait de Camille Monet（？）
　這幅以紅色粉筆畫的草圖，是莫內少數保留下來的草圖之一，所畫的人很可能是卡蜜兒・冬希爾——莫內的愛人、妻子和他兩個兒子的母親。但這位模特兒和作畫日期至今都尚未確定。

維特耶的教堂，冬天，1879
Eglise de Vétheuil, neige

靈牀上的卡蜜兒・莫內，1879
Camille Monet sur son lit de mort
　莫內畫下新的一天第一道陽光照進房間時，
死去妻子的模樣。這並不是一般亡侶留影的畫
作，而是記錄個人非常的黑暗時刻。

代後半期，他寫了無數封乞求信函，除了這封之外，也寫給杜杭-胡耶，
以及其他的贊助者和朋友。一向高傲且充滿精力的他，現在開始哀告，
自暴自棄，咒罵自己的作品。迫於現實環境，他在信中花言巧語，以半
買半送的價錢央求幾位收藏家將他的畫整堆買下。1878年夏天，在巴黎
短住之後，莫內和他的家人(現在包括第二個兒子，米歇爾(Michel)，出
生於三月)搬到維特耶，住在一間簡陋的房子裡。而歐脊德一家現在已經
破產了，帶著六個孩子一同加入莫內這一家。

　　秋天的陽光使莫內的精神復甦起來。1878年九月一日，他寄給姆勒
(Murer)的信上寫道：「我將簡陋的房屋搭在塞納河畔的維特耶這塊仙
境上。」莫內在他的工作船上畫河的兩岸、畫岸上的小村落和羅馬式教
堂。但此時他的經濟仍十分窘困，莫內非常沮喪，同年十二月三十日他
寫信給貝里歐(de Bellio)說：「我已不是新手，像我這把年紀卻處於這
樣的景況，永遠在哀求、打擾買主，真是可怕。隨著年終將近，我更意

維特耶附近的冰裂，1880
La débâcle près de Vétheuil

　　經過1879/80年的嚴冬之後，一個突來的暖流
改變了整個河川，浮冰沿著河川衝撞直下。兩
岸的柳樹和灌木像是疲憊的手指，直伸向那似
乎永不再光亮的天空。

霧中的維特耶，1879
Vétheuil dans le brouillard

　　立在晨霧中的村落只有模糊不清的輪廓。尚
-巴普提斯特・法哈(Jean-Baptiste Faure)是
一位巴黎歌劇界頗富盛名的男中音，也是最早
收集印象派作品的人之一，他從莫內手中買下
這幅畫不久，又把它還給莫內，因為雖然他個
人很喜歡這幅畫，但他的朋友卻不斷嘲笑他買
了一幅什麼也沒有的畫。莫內保存著這幅畫一
直到死，不再出售。

保羅・杜杭-胡耶，比莫內年長十歲，是一位
巴黎藝術商的兒子。在他父母的事業調教下，
成為對印象派最具影響力的畫商。

識到自己的不幸，今年已屆尾聲，79年將要來臨，我卻全然喪失鬥志，尤其對於我所愛的人，我連最小的禮物都送不起。」

莫內的妻子顯然因為墮胎手術不成功，身體虛弱了好一陣子，事實上她再也沒有恢復健康。卡蜜兒・多希爾這位莫內唯一的模特兒，是身著綠衣的女士，是走在罌粟園和草原上的女士，她的夏裝輕拂飄盪，她高撐著陽傘（第24頁），她是莫內的陽光繆思，也是所有印象主義的具體化身。她死於1879年九月五日，年僅三十二，留下兩個幼兒，和一個跟自己和整個世界過不去的絕望的丈夫。喬治・克萊蒙梭(Georges Clemenceau，1841-1929)回想起他的朋友莫內曾向他傾訴：「有一天黎明時，我發現自己在一位死去的女人身旁，她一直是，也永遠是我最親愛的人。我凝視她陰慘的太陽穴，突然發現自己正在觀察死亡在她的面容所留下的色調與陰影，藍色、黃色、灰色，我不知道那是什麼，但那正是我當時所處的狀態。一種想法自然地湧現，她已經永遠離開我們了，我想描繪下她的樣子，想畫這個我如此熟悉深愛的面容，而我却又深深飽受這些色調的折磨。可是就像我被日常生活的一切支使一樣，我潛意識裡的反射作用戰勝了我的意志，我就像一個在磨石旁工作的馱獸別無選擇。可憐可憐我吧！我的朋友。」

莫內所畫的這幅躺在靈牀上的妻子（第46頁）其實不只是對光的研究。莫內曾以罕見的素描手法描繪出卡蜜兒的模樣（第45頁），她機警、嚴肅的眼神，柔軟而富表情的雙唇，顯現出一個具有堅忍溫暖心腸的人；但是在靈牀這幅畫中，她的容貌已經失去了生動的表現力，莫內只概略地描繪出這個死去的女人的臉，躺在枕頭上，似乎要陷入夜的深處和凍人的淒冷當中。溫暖的陽光從旁邊照到床上，藝術家彷彿希望微弱的晨

杜杭-胡耶是第一位以合約簽下畫家所有作品的畫商，他還付給他們生活補貼，以確保他們的生活無憂。就在莫內財務極困難的時候，他委託莫內幫他家中的沙龍繪裝飾畫。

曦能再次溫暖這張冰冷無表情的臉，但唯一的回應光亮是來自她胸前的一束盛開的花。在這幅畫裡，莫內的筆法紛亂、忿怒、破碎、無節制，有些地方卻又動人而溫柔。一方面是死亡的陰冷，另一方面則是帶來生機的黎明曙光，兩者使得這幅流露個人情感的畫，記錄了一種淒慘痛絕的失落。

　　莫內在那個嚴冬之後所作的畫，都像是那場經驗的回應。他不僅畫了清朗冬陽下的雪，散發著藍光陰影，也畫出二月裡模糊泥濘的棕色大地，裡頭有蹣跚走著的農民，如此栩栩如生，使我們幾乎可以感覺到他們的腳底是多麼冰冷潮溼。但是莫內在維特耶渡過的冬季就不同了，這是一個冰冷、灰暗，徹底被棄絕的季節，在他的畫裡沒有鳥，也沒有人，只有浮冰阻塞在冰凍的河裡(第47頁)，就連陽光也是冰冷的，整幅風景畫似乎都瀰漫著莫內的悲哀與寂寞。

　　這段時期莫內開始逐漸疏遠其他印象派的畫家，有人指控他由於自己的絕境，不再支持他們的團體及活動。莫內再度嘗試參加沙龍展出，

梨子和葡萄，1880
Poires et raisin
　　莫內的繪畫生涯中，大約只有在1880年左右那段時期對靜物畫產生較濃的興趣。他的水果和花朵靜物畫都受到廣泛的推崇，但他很少畫這類作品。

瓦倫吉維的海關哨站，1882
Cabane du Douanier à Varengeville

瓦倫吉維的海關哨站，1882
Cabane du Douanier à Varengeville

事實上評審團也接受了他的一幅畫，雖然被掛在最上面一排。1881年冬天，莫內再次搬家，這次搬到一個名為普瓦西（Poissy）的小鎮，距巴黎約二十公里，那兒並不是個特別迷人的地方，起初莫內對該地頗為反感。他寫信給他的畫商：「普瓦西一點也激不起我的靈感。」然而，1882年卻是他豐收的一年，他數度光顧諾曼第海岸，以不同的角度，在不同的時間，畫下了〈瓦倫吉維的海關哨站〉（第50頁），他在海的上方畫了一座小教堂，不僅重複地以峭壁為主題，同時試圖提供一種新的視覺角度。這些海岸畫是莫內首度大膽嘗試的系列作品。

「這才是真正的莫內！」據說奧古斯特‧羅丹（Auguste Rodin，1840-1917）初次見到這片海時曾如此讚嘆！其後幾年，河流畫家變成海洋畫家，莫內與題材進行著寂寞的情感交流。置身在刺骨的寒冷中，裹著毛氈和外套，身邊環繞著海浪泡沫，莫內仔細研究海洋，一步步向浩瀚的主題邁進。高聳的崖壁成為光線的投射面，從水面上反射出來的光，和太陽直接投射的光在崖面上交戰。〈曼門〉（第53頁）是靠近艾特達

漫步在普荷微的崖壁上，1882
La promenade sur la falaise, Pourville
　諾曼第的崖壁深深吸引著莫內，不僅由於它的光影和花草，更由於它能呈現奇特的視覺線條。

柯頓港的「金字塔」，1886
Les "Pyramides" de Port-Coton
　　1886年冬，莫內從不列塔尼寫信給杜杭-胡耶：「這裡的海洋美得令人難以置信，這裡有異國情調的奇特岩石…我內心充滿熱情，想畫下這個陰森森的地區，因為它將強迫我超越我以前常有的畫法。我必須承認，這種不祥的、恐怖的岩石層面非常難表達。」

(Etretat)的一座巨型岩石拱門，堅強而無畏地面對著浩瀚的海洋。莫內孜孜於題材的追求，勇於向各式各樣的天氣挑戰，從不投降，就像早年時奮力抵抗他的父親，淡漠麻木的批評家，或有偏見的觀眾一樣，莫內在逆境中更為茁壯。

　　在艾特達和美麗島(Belle-Ile)，莫內以赤裸裸的峭壁、波濤洶湧的海洋，及不斷改變的天空亮度與顏色為題材，不厭其煩地探求光的轉變，人物在他的作品中幾乎消失。嚴格說來，莫內(不像馬奈或竇加)始終不是肖像畫家，在早期作品當中，透過陽傘落在女人身上的光線，對莫內來說，比女人本身更有趣；後來他將人物放在畫裡，則是因為人物能在他的風景畫中創造空間廣度。莫內相當重視人物給一幅畫帶來的節奏與動力，但對人物的私人歷史則置之不理。到了1880年代，他為蘇珊・歐胥德(Suzanne Hoschedé)畫的兩幅同真人大小的肖像(第56頁)，正如他繪畫生涯剛起步時所作的戶外人物肖像畫，但已不像亞讓德伊的舊日快樂時光那樣充滿新穎的構思。

　　莫內離開維特耶之後，並沒有在普瓦西安定下來。1883年他在吉維

艾特達的曼門，1886
La Manneporte près d'Etretat

尼(Giverny)租了一間房子，帶著一個大家庭搬過去，包括他的兩個兒子、艾莉絲·歐胥德(鄂尼斯之妻)及她的六個孩子，他們很快地帶著家當搭船越過塞納河，在鄉間寬敞簡樸的家開始過一段較平和快樂的日子。這是莫內最後一次搬家，他的後半輩子都在吉維尼渡過，在這裡，他找到了寧靜和力量來完成他的工作。

1880年代初期，印象派的市場復甦，杜杭-胡耶再次興致勃勃地開始投資，1883年春季，莫內在他的藝廊舉辦個展，雖然沒有賣出幾幅畫，卻也贏得一些好評。若干年後，杜杭-胡耶在紐約新開一家藝廊，展出莫內的畫，特別是美麗島的風景畫，以及旅居瑞維耶拉海岸(Riviera)和蔚藍海岸(Côte d'Azur)期間的畫作，展覽非常成功。

艾普特河畔的白楊樹，1891
Peupliers au bord de l'Epte, vue du marais

專注與重複：
系列作品的創作

　　有時候，莫內想像自己生來就是瞎子，突然間能看也能畫，但不知道他所看見的究竟是什麼，會是怎樣的光景？他認為一個人乍見一個物體的第一眼是最誠實的，因為不受先入為主的觀念和偏見的污染。這種絕對純粹地看事物的方式，引導莫內對氣氛效果做深入的研究，對他而言，一件物體並非由本身所界定，而是由光線造就的結果。他秉持這樣的觀念，在藝術生命的早期，以各種不同的心境對同一項事物做各種不同的詮釋。例如他曾以寬闊的大遠景和鉅細靡遺的特寫手法，刻劃亞讓德伊橋在晴天或在雨天的形貌；他也曾採相同的角度和位置，分別在霧茫茫的天氣及夏日藍天下，描繪維特耶和其羅馬式小教堂。隨著年歲增長，他對氣氛的研究愈來愈系統化，其研究之嚴密可謂近於科學化，根據他對印象的研究，莫內一步步畫出了整個系列的作品，以乾草堆、白楊樹以及盧昂天主教堂(Cathédrale de Rouen)的西面正前方為題。一直到「睡蓮」(Nymphéas)系列，他已把他堅持的原則發揮到極致。

　　1890年和1891年期間，莫內畫了一系列乾草堆的畫(第58和59頁)，這個主題對當代的審美品味而言，既簡單且毫無想像力。他畫的乾草堆有些很靠近，有些則是互相分開，但總是以緊湊整潔的乾草堆形狀為中心，並以不同的方式來呈現，譬如落日紅光下顯得充滿活力，在雪地中則寂靜而厚實。

　　大約在同一時期，莫內也畫艾普特河(Epte)兩岸的白楊樹(第54和55頁)，他利用一天中的不同時間和一年中的不同季節來處理這個畫題。在畫中，乾草堆構成緊湊而穩固的形狀，而白楊樹則形成線條的構圖。莫內以類似畫橋與火車站的方式來處理，樹木構成了指向天空的垂直線，河岸的水平線以及樹木在水中的倒影構成了垂直線的延伸，這一切交織成線狀的格子圖案，在格子的上方，秋天的陽光衝破晨曦。同一系列的其它畫作中，炎夏熾熱的陽光透過樹葉照耀下來，將整個畫面轉變成微微發亮的印象構成。

　　這並不是藝術家首次以不同的方式表現相同的主題，但莫內的作品明確地成為一系列的原因，在於他企圖透過同一個視覺母題，觀看它不同時間的狀態。在這方面，他一貫的實驗是盧昂天主教堂的系列風景畫(第60和61頁)，從1892年畫到1894年。這座教堂是雄偉的後期哥德式建築，歷史可追溯到十二世紀，它的西面有華麗繁複的花飾窗格和尚像作品，這是法國中世紀的偉大成就之一。1892年二月，莫內首度在教堂西

上圖
白楊，秋天裡三棵粉紅色的樹，1891
Les peupliers, trois arbres roses, automne

下圖
夏天裡的三棵白楊樹，1891
Les trois arbres, été

左圖
戶外習作，朝右的女子，1886
Essai de figure en plein air, vers la droite

右圖
戶外習作，朝左的女子，1886
Essai de figure en plein air, vers la gauche
　現在為莫內在戶外當模特兒的不是卡蜜兒，而是他的繼女蘇珊‧歐胥德。這一組圖畫(不是一系列)是莫內最後大膽嘗試在戶外畫真人大小的肖像。

側的對街租了個小房間，當年和次年，在殘冬融入初春時，他以三種差距極小的角度畫這座教堂。如果莫內一直保有第一次租的房間，或許畫教堂正面的這三十幅畫的角度都會是一致的。

　　過去幾乎很少畫家如此仔細地觀看畫中的主題，整個畫布上的空間不僅是西面大門及樓塔的片段景觀，這幅畫其實就是教堂的正面。莫內觀察光線投射在建築物正面的變化效果，從早上晨霧尚未散去，一直到落日的最後一道光線，教堂在這些畫中有時籠罩著神秘的氣氛，有時因晨曦而顯得溫暖，更有些時候黃昏落日散發微弱但醒目的光線，映照在莊嚴的教堂正面精細的裝飾上。

　　兩年的歲月飛逝，從二月初到四月末，莫內一直在相同的題材上作畫，描繪處於不同光線狀態下的教堂，他表示有些光和氣氛只能持續若干分鐘，瞬間即逝。1893年三月三十日他在給杜杭-胡耶的信上寫道：「我現在正盡可能地努力工作，對於教堂以外的事想都不想，這是件繁重的工作。」第三年，莫內在他的工作室裡，同時修改這幾幅氣氛各異的教堂作品，在這些畫全部完成之前，他拒絕讓任何一幅落到別人手中。這些畫後來成為粉彩畫，質感相當厚實，因此有些人把它比作灰泥作品。無

疑地，光線的瞬息萬變促成了每一幅畫的誕生，但將這些瞬間的印象創造成為完整的作品，其中工作室裡的修改工作扮演著重要的角色。系列中的各幅畫使用少許互補的色彩，藉由畫與畫之間彼此的對應建立一種和諧。建築正面的精細裝飾於是成為一種單純的視覺紋樣，而促成一種富有節奏感的圖案組合。

莫內早期在亞讓德伊和維特耶對光的研究中，都試圖把自己的眼睛當成真實世界的中介探測器，用類似攝影的方式，將瞬間印象記錄下來，對於1890年代一系列的畫作，他也如此堅持。但是，事實上這位藝術家相當慎重地將自己的主觀感受引進畫中，他所表現的色彩效果只是呈現他所看到的，而非精確的記錄。莫內自由無拘的技法，恰好配合他對色彩具有想像力的處理方式。即使如此，他個人對時光流逝的主觀經驗，仍然是構成每一幅畫作的基礎，因此最後修改完成的版本，總是超越對流逝的景象的記錄，作品的母題不僅被奪去了所有的細節，連材料質感也均不復見。除去所有的背景脈絡，這些畫完全超越了時間。

莫內對系列畫作的追求相當執著，其追求的時機正好吻合人們對莫內作品與日俱增的需求，因此，也有些藝術界朋友指責他做系列畫作只是為了滿足市場需求。這些畫作的確廣受歡迎，1891年〈乾草堆系列〉(Meules)展出時，所有的作品在幾天之內便賣完，但是莫內對自己和自己的作品卻嚴加批評，甚至不止一次摧毀系列畫作。從系列的個別畫作中可以明顯看出，莫內對狀態與變化做過仔細而深入的研究，指責他的系列作品是投機之作，根本就偏離重點。

經過多年經濟困窘的狀況，嚐過為基本生活所需，連分文都得向人乞求的恥辱之後，莫內終於享受到成功的果實。人們不僅承認他的成就，而且奉他為歷來最重要的畫家之一。教堂系列畫作不僅是一位成熟的畫家的創造性作品，並且是畫家突破困境的關鍵。一系列的盧昂天主教堂畫作約有三十幅，其中二十幅於1895年五月在杜杭-胡耶的畫廊展出，展覽非常成功。喬治·克萊蒙梭是莫內的一位政治家朋友，後來成為內閣總理，他促請法國政府購買這一系列的畫作，但是，由於官方和學院對往日叛逆的莫內猜疑太深，這項買賣終究未能達成，而這個從構思、繪畫到展出都自成一套的系列畫作，最後還是分散各處。

盧昂天主教堂，約1990

乾草堆，約1888/89
Meules
「對我來說，題材只是次要的：我想要表達的是在我和題材之間一種活的東西。」
——克勞德·莫內

見第58頁上方
乾草堆，雪與陰霾的天空，1891
Meule, effet de neige, temps couvert

見第58頁下方
雪地裏的乾草堆，早晨，1891
Meule, effet de neige, le matin

見第59頁上方
陽光下的乾草堆，1891
Meule au soleil

見第59頁下方
日落時分融雪中的乾草堆，1889
Meules, dégel, soleil couchant

見第61頁
見第60頁左上方

左上
清晨的盧昂天主教堂。大門及聖羅馬樓塔，1894
La Cathédrale de Rouen. Le portail et la tour Saint-Romain à l'aube

上中
盧昂天主教堂。晨光中的大門。藍色調，1894
La Cathédrale de Rouen. Le portail, soleil matinal. Harmonie bleue

右上
盧昂天主教堂。清晨的大門和聖羅馬樓塔。白色調，1894
La Cathédrale de Rouen. Le portail et la tour Saint-Romain, effet du matin. Harmonie blanche

左下
盧昂天主教堂。艷陽下的大門和聖羅馬樓塔。藍色與金黃色調，1894
La Cathédrale de Rouen. Le portail et la tour Saint-Romain, plein soleil. Harmonie bleue et or

下中
盧昂天主教堂。陰天的大門和聖羅馬樓塔。灰色調，1894
La Cathédrale de Rouen. Le portail, temps gris. Harmonie grise

右下
盧昂天主教堂。大門。棕色調，1894
La Cathédrale de Rouen. Le portail vu de face. Harmonie brune

許多二十世紀的藝術家也畫系列作品，我們很容易把莫內視為這群人的先驅。後來的藝術家透過系列畫的原則，企圖在意念上朝更具實驗性的抽象之路走；莫內則不然，他總是將大自然當作他的出發點。

不同的國家與不同的光

　　法國的北部有著崎嶇的峭壁，諾曼第廣大的綠色田園，以及不列塔尼(Bretagne)的海岸，這裡是莫內的故鄉，他曾經無數次帶著調色板和畫架，一再造訪這個地區；但他也去不熟悉的地方，讓不同的山水花草帶給他新穎的感覺。為了尋求不同的光，他旅行到其它國家，瑞維耶拉海岸的松樹和棕櫚樹、百花海岸的多季陽光、挪威雪地冰天裡的平靜、荷蘭燦爛的鬱金香花園、霧裡的倫敦，以及水光閃閃的威尼斯，這些都令他著迷沈醉。比起家鄉，莫內對這些景緻更加敏銳易感(如果他還可能有更敏銳的反應的話)，他在這裡孕育新的心境與題材，並將他的熱情投注在家信中。

　　搬到吉維尼之後不久，1883年十二月莫內和雷諾瓦到法國南部旅行。在莫內前後的許多畫家，都習慣在他們當學徒及尚未成名之前，帶著素描簿、鉛筆和水彩旅行作畫去。但莫內並沒這麼做，他反而帶著畫架、調色板和幾十塊畫布，以及一只沈重的手提箱，裡頭裝滿了禦寒的毛衣。旅程因此相當費勁，莫內也就受到同行伙伴的一些埋怨。雷諾瓦事後向他的兒子描述這次旅行：「頭等車廂的旅客都努力使自己看起來很無聊或若有所思，一位畫家帶著雨傘和畫具盒，坐在這些旅客中間，就像一個礦工突然走進一場時裝秀一樣；不過，二等車廂的情形更令人不舒服了，旅客盡是裝模作樣，因為他們付不起頭等車廂的旅費」。在雷諾瓦的描述中，唯一快活甚至豁達的一群，是三等車廂裡的旅客；本來這兩位藝術家坐三等車廂乃是出自不得已，後來則因為他們在其它兩種車廂都感到不舒適。有些旅客所準備的食物和用品，就好像他們在做環遊世界之旅似的，當火車飛速前進，他們便來與這兩位瘦弱飢餓的畫家分享食物，兩位畫家因此得以享用勃艮尼(La Bourgogne)的起司蛋糕、普羅旺斯(La Provence)的濃汁紅燒、黃金海岸(Côte d'Or)的新酒，或羅納(Rhône)河域的淡紅葡萄酒。在旅途中，兩位畫家很高興有機會可以藉此體會到農作物、租稅和各種惱人的家務事，或甚至穿著女用束腹的痛苦經驗。「吃了些許食物之後，有一個塊頭很大的農婦因無法忍受，她請求我們的諒解，然後解開她的衣服，要求身邊的女人幫她把束腹從背後解開。她緊束的身體終於可以輕鬆一下，並且總算可以嚐到野兔肉餡餅的美味。」

　　回家之後，沒幾個禮拜，莫內又起程到南方去，但這次雷諾瓦沒有同行：「順著我自己的印象獨自一個人作畫，往往是我最佳的工作狀況。」

柏等格哈，1884
Bordighera

見第62頁上方
柏等格哈的別墅，1884
Les villas à Bordighera

見第62頁下方
在柏等格哈的棕櫚樹，1884
Palmiers à Bordighera
　　異國的花草植物以冰雪覆蓋的山巒為背景，晴朗的天空和湛藍的海水，這一切都讓莫內第一次造訪地中海時為之深深沈醉：「這些棕櫚樹使我深感無措…海洋和天空是如此的湛藍——這簡直不可能！」(1884年一月，寫給艾莉絲・歐胥德)

從馬丁角看曼頓的景色，1884
Menton vu du Cap Martin
「我雇了一輛上好的馬車到曼頓去，這幾個鐘頭的郊遊非常愉快。曼頓的景色燦爛壯麗，令人嘆為觀止。接著我走到馬丁角，它是位於曼頓和蒙地卡羅之間一個很有名的地方。我在這裡看到了兩件題材，很想畫下來，因為它們跟這裡的景物非常不同；在這裡，海洋不是我主要的研究對象。」(1884年二月，寫給艾莉絲‧歐胥德)

他在1884年一月十二日寫給杜杭-胡耶的信中這樣說道。他回到柏第格哈(Bordighera)，這是一個介於蒙地卡羅(Monte Carlo)和聖列摩(San Remo)之間的靠海村落，是他在第一次南遊即發現的，此行他畫下這裡的海和天空，扭曲如蔓藤的松樹，像個神秘的生物在豔陽下跳舞。在他的檸檬樹、橄欖樹和棕櫚樹這幾幅畫中，莫內不斷使用以前從未嘗試的色彩，例如青綠、深藍、玫瑰紅和橙色。其中一幅是畫一位莫瑞諾先生(Monsieur Moreno)家花園裡的棕櫚樹，這些樹被認為這是海岸一帶最美的。

「這裡是童話之鄉」，莫內在二月二日寫給疊歐多赫‧杜瑞(Theodore Duret)的信中如此說道：「我不知道該先看何處，這裡的一切都出奇地美麗，我想把這一切都畫下來……。這裡的風景對我而言完全是新的，我必須再多研究，我現在正要開始去了解它；如今要知道我該上哪兒和能做什麼竟是件無比困難的事，我想大概需要在調色板裡放些奇珍異石吧！」莫內帶回五十幅新畫——但幾乎沒有一幅完成。

五年之後，他再度造訪地中海。1888年一月他待在蔚藍海岸，以白雪覆蓋的埃斯特羅山(Montagnes de l'Esterel)為背景(第65頁)，畫這片海洋，一棵松樹構成大膽的斜線，橫跨風景所形成的水平線，給幾乎沒有空間感、沉浸在靜默中的冬季景色，提供了非常醒目的前景，這棵樹不僅決定了距離和大小，也使得這幅以水平線為基礎的平靜構圖產生了張力。這幅畫非凡的構圖，靈感也是來自於日本的浮世繪版畫。

莫內從安提貝海角(Cap d'Antibes)的岬地上畫安提貝這個要塞城鎮(第65頁，上)，企圖捕捉地中海多季陽光的濃烈；整片發亮的乳白、粉紅和朱紅，並置在滄藍的底色上，加上冰冷的藍與綠，尤其是大量的白色摻雜其間，形成冷暖的強烈對比，而明亮的光線便由此表現出來。

午後陽光下的安提貝，1888
Antibes, effet d'après-midi

亞斯特羅山，1888
Montagnes de l'Estérel

「這裡是如此美麗，如此明亮，充滿了陽光！」莫內在1888年二月十二日寫給古斯塔夫‧傑佛勒瓦(Gustave Geffroy)的信中說道：「彷彿飄浮在藍天中，多麼令人振奮啊！」

南海岸的這幾幅畫極為成功。詩人史蒂芬‧馬拉美(Stéphane Mallarmé，1842-1898)看到安提貝這幾幅畫時，寫信給莫內表示：「我剛剛離開展覽會場，看到你去年冬天的作品，非常高興。我一直認為你的作品超越其他所有人，現在我相信此刻你的力量正值巔峯。」但是，莫內並未因此滿足，他內心為一個充滿黃金與奇珍異石的世界而沸騰，卻失望地發現他所能在畫布上記錄的，只是些粉紅與天藍。他一再於信上寫道，他如何多次徒勞地企圖傳達地中海的氣氛，卻一再失望地看到自己實際所畫的結果。儘管吉維尼夢境般的花園依然繁茂，他還是不肯就此歇息，或許他離鄉背井所要尋找的，不只是新的印象而已，同時也尋求創作所需的孤獨與暫離大家庭的休息，因為家中有愈來愈多的兒子和兒媳婦，而且很快又要添孫兒輩。

肯薩斯山和粉紅色的迴光，1895
Le Mont Kolsaas, reflets roses
　1895年，莫內到挪威看他的繼子，回來時，只帶著少數幾幅畫。而覆蓋著重重白雪的肯薩斯山，在莫內的畫中也就成為神秘與冥想的對象。

莫內開始旅行。他到挪威看他的繼子，並數次造訪法國南部；本世紀初，他甚至坐車到馬德里和威尼斯；還有倫敦虹彩般的氣氛和千變萬化的灰色陰影，自1870年起便深深吸引著他。1900年左右，莫內分別從他下榻的薩瓦飯店(Savoy Hotel)房間的陽台，以及聖湯姆士醫院(St Thomas's Hospital)的窗口，著手進行泰晤士河系列，作品包括〈倫敦的國會兩院〉(第67頁)，及〈霧中的滑鐵盧橋〉。莫內再次用大量的畫布同時工作，他將題材鋪陳在霧中或初陽裡，不斷在這兩個主題之間轉換畫布作畫。

1903年三月二十三日他寫信給杜杭-胡耶：「我不能讓你單獨擁有一張倫敦的畫，因為我必須將它們全部都放在我眼前。老實說，我一幅都還沒完成，我現在正全部一起畫。」莫內回到吉維尼時，這些畫還是沒完成，接下來的幾年，莫內仍在工作室裡繼續畫這些畫。與他三十年前畫

莫內和疊歐多赫‧帕特勒在汽車上

的〈印象‧日出〉（第31頁）比較，由〈倫敦的國會兩院〉可以明顯看出莫內
藝術風格的改變。這兩幅畫主題類似；事實上，在倫敦的這幾幅畫上，
莫內都在前景的水中放置些小船，就像在〈印象〉中一樣；但兩者主題的
表現方式則基本上完全不同。泰晤士河風景系列不再有〈印象〉的素描風
格，它們的完成經過細心營造，這些在不同的時刻所展現的氣氛與光線，
提供了良好的管道，可以讓畫家進入每一幅畫。莫內將他的印象轉變成
抽象的色彩，兩者結合在一起，他的建築主體不再像早期作品裡的橋與
船隻一樣，建立起圖畫的空間結構，而是劃分出幾個較大的區域提供色
彩的實驗。莫內的天空和建築物變成一塊塊色彩，各種顏色所發出的光
可以在此投射，一切都是朦朧一片。在霧中，新國會兩院的維多利亞時
代新哥德式建築顯得陰森而虛幻。莫內使用了光譜上的每個顏色，主題
和整個風景則以簡約的筆法畫出。

國會兩院，倫敦，1899-1901
Le Parlement, trouée de soleil dans le
brouillard
　有好幾年的時間，莫內持續在他的畫室裡畫
泰晤士河的風景，畫裡有國會兩院或滑鐵盧大
橋。這些建築如謎般高聳在濃霧中，些許陽光
穿透重霧，微微閃爍著。

威尼斯的黃昏，1908
Crépuscule à Venise
「這裡非常美麗。」莫內將帕拉狄奧(Pal-
ladio)的聖吉奧喬‧馬吉奧內(San Giorgio
Maggiore)教堂畫得充滿落日的光輝,「我安慰
自己,明年會再來,因為我現在才剛開始。真
可惜我較年輕、充滿冒險精神時,卻沒能來這
裡!」(1908年十二月,寫給古斯塔夫‧傑佛勒
瓦)

　　1908年莫內來到威尼斯,再度以同樣的方式繪出抽象色彩織錦畫,
不再運用偉大的〈印象〉所展現的即興藝術。英裔美國藝術家約翰‧辛格‧
沙君特(John Singer Sargent)的女友人邀請莫內及艾莉絲‧歐胥德(二
人現已結婚),到大運河(Canale grande)旁的文藝復興風格的巴巴洛宮
殿(Palazzo Barbaro)去住了兩個星期。頭幾天很快地過去,莫內一直
忙著在大街小巷及運河間探尋,吸收其中的氣氛。在這些教堂和博物館
裡,他仔細研究偉大的威尼斯藝術家如提香(Tizian)、吉奧喬尼(Gior-
gione)和費洛尼斯(Veronese)的作品,而他自己的作品也常常被人拿來
和這些藝術家做比較。莫內感受到這個城市獨特的風味是藝術的力量無
法捕捉的,因此他帶著調色板和畫架,在大運河或總督府旁,著魔似地
畫起來,每天遵守著嚴格的生活作息,六點起床,然後在每個畫題上花
兩個鐘頭,直到太陽下山他才肯讓自己休息。他的妻子頗為擔心,曾在
1908年十二月三日寫信告訴吉爾曼‧薩勒如(Germaine Salerou):「他
實在得休息了,他現在工作得這麼辛苦,都已經這把年紀了。」
　　威尼斯系列畫作的藝評中常提到色彩的童話國度。而聖吉奧喬‧馬

康塔里尼宮，1908
Le Palais Contarini

莫內及其妻艾莉絲在威尼斯聖馬克廣場，
1908

吉奧內教堂(San Giorgio Maggiore，第68頁)和康塔里尼宮(Palazzo Contarini，第69頁)的風景畫確實有浪漫童話或象徵主義詩的味道。就像倫敦霧朦朧的冬天一樣，威尼斯的陽光未必就像莫內畫布上那麼明媚、強烈而閃亮。莫內在旅途中會開始起草大量的畫，接下來幾年的時間，他在工作室裡將這些畫完成，或甚至重新畫過。在潤飾的過程中，他常會在整個畫布表面添加多層明亮的顏色，同時也就無可避免地失去了圖畫的立即性及其寫生的本質，因此這些畫變成了精緻協調的幻想之作。莫內的威尼斯作品是朦朧的藍與雲母白的光澤，包含了回憶與幻想，而不是寫生特有的視覺經驗。在〈乾草堆〉、〈白楊樹〉和〈盧昂天主教堂〉系列中就已出現的趨勢，在莫內晚年旅途中所畫的作品裡更加明確：這個印象主義者已經變成了象徵主義者，他正頌揚著霧與建築、實體與氛圍、石頭與光線之間神秘的結合。

吉維尼花園

莫內在吉維尼渡過了下半輩子。1901年八月，《費加洛報》藝評家阿爾辛‧亞歷山大(Arsène Alexandre)記錄下他對吉維尼的第一印象，他寫道：「吉維尼終於出現在路的盡頭。這是一個美麗的村子，但是它半鄉村半城鎮，缺乏自己的風格。可是，當你走到村子盡頭，要去維賀濃(Vernon)的路上，並不很想停下來的時候，突然間一片嶄新而奇特的景色正迎接著你，像所有的大驚喜一樣。想像調色板上所有的顏色，或是鼓號曲裡所有的音符吧！那就是莫內的花園啊！」

自1880年代中期起，莫內作品的銷售情況較正常之後，他的財務狀況也較穩定，到了1890年他甚至可以將房子買下來，他將所有心思轉向這塊土地(後來他又逐塊購買附近的土地將它擴大)，費了很大的心力，不僅為家人建立起一個家，也成功地建立起他自己的天堂——吉維尼花園。

開始時並不容易，這對男女當時還沒結婚，就帶著他們的八個活潑的孩子搬到這裡，他們不得不面對農村社會的世俗眼光。莫內這位現代畫家，在破曉時分便大步邁過原野，後面跟著一群孩子幫他用手推車運載顏料和畫布，接著他在樹木和乾草堆前把一切東西放置好，開始以雜亂無章的筆法作畫。當地人不久便想出一個方法好好利用這個怪人，只要莫內穿越他們的田野去畫畫，就得付過路錢。此外，一旦莫內忙著作畫時，他們便將乾草堆拆散，把白楊樹弄倒。莫內為了保有他心目中的畫題，曾經多次奮鬥。後來莫內要在他的花園裡做個池塘，栽種些外來的奇花異草時，村民甚至抗議這些植物，認為會損害他們的衣物(因為他們在河裡洗衣服)，或毒害在花園下方放牧的家畜。

即使困難重重，莫內和他的家人依舊將諾曼第人的果園成功地轉變成一個創造歷史的花園；雖然莫內後來表示他只是瀏覽一下園藝的目錄，然後下些訂單，但無疑地，這只是他輕描淡寫的說法之一，事實上，他花了極可觀的知識和勞力去闢建這座花園，使它成為一個豐盛繁茂的伊甸園。阿爾辛‧亞歷山大曾如此描述：「不管走到哪裡，在頭、腳或胸部的高度，總是有一灘灘的池子，一串串的花朵，開滿花的樹籬長得既狂野又文雅，隨著四季不斷變化、更新。」

顯然有一股強大的力量在主宰和塑造這座花園，就像莫內表現在他畫作上的力量一樣。他指定每一株植物的位置，計劃並監督執行，且依照各種不同的種類與顏色，用許多平行花壇將它們分開來，建立他對大

莫內和他的繼女布蘭薰。自丈夫死後，布蘭薰便負責操持家務，並陪伴莫內作畫。前景的女孩是莫內眾多孫子之一。

日本橋，1899
Le Bassin aux nymphéas

自然至高無上的統治權。他依據已經存在腦中的作畫主題去選擇植物，不僅選擇位置，更在一開始時，便決定了這個自然世界的外貌。某年年初，莫內正在畫的一棵大橡樹開始發芽，他不修改他的畫，反而找來村裡許多年輕小伙子，讓他們爬上樹去料理一下，結果第二天他工作時，樹上竟無半處綠意可見。「凡是仰慕這位畫家的人，都會為這棵不幸的樹感到難過。」英國畫家溫弗‧杜斯特(Wynford Dewhurst)這樣描述著，這則軼事便是由他傳出的。

春天，1886
Le Printemps

　　葉米爾‧諾爾德(Emil Nolde，1867-1956)在希布爾(Seebüll)建立了一座真正的農家花園。莫內則不一樣，他顯然在吉維尼花園表現了奇特的異國偏好。當然他也種大理菊和金蓮花，但年復一年，整個花園愈來愈多淡藍的豆藤、紫色的鳶尾花和來自墨西哥的月下香，還有閃爍著珍珠光澤的睡蓮，以及叢生的竹籬。這些植物有的是從國外進口，在法國才出現不久，這也難怪當地的農民會懷疑他到底種的是什麼植物。但是不久之後，巴黎及海外一些上流社交圈便開始對這座花園產生強烈的興趣，第一批相關的文章也接著出版，一直到莫內死後多年(事實上時至今日)，許多雜誌和書籍均樂於報導吉維尼花園的美麗，這座花園至今仍令許多前往觀賞的人讚嘆不已。

　　這座花園與莫內已經合而為一，進入他的靈魂，(最重要的是)進入他的眼睛，不管旅行到哪裡，他總是在家書中詢問花草的近況，晴天時的花園是他生命活力的泉源，一旦下雨，他便沮喪地躲進房間。

　　但這並不表示莫內是個專畫花朵的畫家。在他的早期作品〈聖阿黛斯的花園〉(第20頁)中已清楚地顯示莫內並無意區別花朵的種類；他後來

所畫的薔薇、罌粟花以及睡蓮、豆藤，雖然皆清晰可辨，但他絕不是個
對植物的細節過度講究的藝術家。他後來所做的，是使整體達到一種和
諧的印象。對莫內而言，花是光的負載者，也是視覺的盛宴。

　　莫內在吉維尼的房子非常寬敞，但是與世紀交替時所流行的華麗裝
飾比較起來，它的風格相當簡樸；基本上這棟建築是以功能為設計考
量，不久便爬滿常春藤和攀緣的荼蘼。鄂斯特‧歐肯德自從破產後，身
體狀況便每況愈下，他死後，莫內和艾莉絲便在1892年結婚，終於使得
這段長久以來的關係合法化。這關係或許可以追溯到在蒙傑隆，卡蜜兒
仍在世的那段日子。事實上，他們的朋友和鄰居都知道艾莉絲所做的不
僅是管家和奶媽的工作而已。

　　政治家和外交官紛紛造訪吉維尼，有的人搭火車，有的人乘船越過
塞納河，有的人坐馬車，甚至後來還有人駕著新奇古怪又會嘎嘎作響的
汽車前往，美國的收藏家和日本的貴族也前來拜訪莫內，當然還有他的
老朋友雷諾瓦、塞尚、畢沙荷，以及他的第一位傳記作家古斯塔夫‧傑
佛勒瓦，最重要的還有克萊蒙梭，他分別在1906年至1909年，和1917年

吉維尼附近的罌粟園，1885
Champ de coquelicots, environs de Giver-
ny

　在吉維尼，莫內重拾盛開的罌粟花這個主題
（參照第39頁）。但不同於以往的隨意揮灑，這
幅較晚期的作品以綠、紅互補色為基礎，顯得
嚴謹有序。

小船，1887
Le barque
　　這一家人都喜歡搭船到蕁麻島(Ile　aux Orties)，小島靠近塞納河畔，循著一條穿過莫內家園的水道可以直達到此。後來莫內買下這座島。

船上的少女，1887
Jeunes filles en barque

艾普特河上的船隻，1890
En canot sur l'Epte

莫內在吉維尼的花園中，約1917

莫內在吉維尼的房子和花園，約1917

至1920年做了兩任的內閣總理。莫內雖然有這麼多高官貴友，他仍和權貴保持相當的距離，1888年他拒絕接受榮譽十字勳章，1920年又拒絕加入法國學會(Institut de France)。

緊跟著他的朋友和收藏家而來的是莫內的仰慕者。早在1880年代晚期，一群美國藝術家便聚集在一起，建立了一個社區，名字叫做「吉維尼人」。莫內一輩子從未教書，但他時常督促年輕藝術家多用眼睛仔細研讀大自然；不久他就感覺到名氣帶給他太多的嘈雜，而那些每天都來拜訪的美國青年竟說他「脾氣極端暴燥」。

他本人很想避開這一切，但他的繼女蘇珊卻在1892年嫁給其中一位雄心勃勃的美國藝術家疊歐多赫‧帕特勒(Theodore Butler)。年復一年，這棟熙攘嘈雜的房子住進更多的女婿、媳婦和孫子，每逢家族慶宴時(如照片所示)，簡直像村落的嘉年華會。在亞讓德伊時，莫內已經是中產階級，現在更成為美食家，他著名的黃色餐廳裡，掛著他收集的許多日本版畫，並提供最上乘的佳餚，有六本詳細的食譜流傳下來，包括蘇裏松露(Truffes à la serviette)、酒香牛肉排骨(Entrecôte marchand de vin)等美食，以及神秘的名為「翡翠」(Vert-vert)的綠色糕點。聖誕節做的香蕉冰淇淋是件非常複雜的工作，要轉動製冰機，然後要放在模型中半個小時，讓它成型。莫內是個食譜收藏家，他喜歡設計菜單和指點別人，但自己卻不曾動手烹調。

飲食在莫內的生活中扮演著很重要的角色，是日常生活的骨架。每天一大早，夏天更在日出前，他便起床吃一頓豐盛的早餐，是他在荷蘭所嗜愛的那種早餐；十一點三十分是全家和訪客用午餐的時候。莫內需要提早吃午餐，因為這樣他才不會錯過任何午後的陽光。然後在花園裡喝下午茶；到了傍晚則是一頓很難稱之為簡省的晚餐。莫內的家人很少舉行晚宴，因為這位藝術家喜歡早睡，以便第二天破曉時能夠早起。能幹的艾莉絲細心照料一切，莫內的工作才不致於被紛亂的家事干擾。

莫內在吉維尼的房子和花園

莫內吉維尼花園裡的小徑，1901/02
Une allée du jardin de Monet, Giverny
　　在老紫杉的樹蔭中，有一條小徑，佈滿攀緣
的玫瑰，小徑直通花園南邊的大門。左右兩邊
的花壇被修剪地很對稱。

日本橋，1900
Le bassin aux nymphéas

鳶尾花，1914-17
Iris
「普天下能引起我興趣的，只有我的畫，和我
的花。」 ──克勞德・莫內

莫內花園裏的鳶尾花，1900
Le jardin de Monet, les iris

見第80/81頁
　　睡蓮池是莫內生活與工作的重心。一年復一年，池子不斷在擴大，睡蓮也愈來愈多，莫內特別雇了一個園丁來照顧這些池塘和睡蓮。莫內從日本版畫中得到靈感，1895年便在池塘上建了座日本式的小木橋，上面吊掛著紫藤，在晚期的作品中，這個主題便一再出現。

睡蓮，水景，雲，1903
Nymphéas, paysage d'eau, les nuages

睡蓮，1897-98
Nymphéas

莫內常在一天中不同的時間、不同的天氣和光線狀況下，坐在巨大的白色陽傘下作畫（參照第71頁），身邊大約同時有十二幅畫布圍繞著，他的繼女布蘭薰（Blanche）從早期就伴在他身邊作畫，艾莉絲死後，她更成為莫內忠實的同伴。莫內就這樣沈默地，性情乖戾地專注在工作上，坐在畫布前，時而創作力旺盛，時而陷入深深的沮喪中。

吉維尼不像其它莫內住過的村落，它不在塞納河上，但附近也有一條小河，艾普特河和許多溪流，因此莫內鍾愛的水仍到處環繞著他。午後在亞讓德伊的河上，以及在艾特達親近浪花的日子已成往事，莫內現在沈溺在另一種形式的水中：池塘。1890年代早期，他在住家附近買了一塊地，面積大約7,500平方公尺，和他原有的房地產中間隔著鐵道，他利用一條流經其間的小河，將此處改成水上花園；後來他還雇用了一名園丁專門照顧這個池塘和蓮花，另外有五名園丁則料理這塊園地的其它事物。1895年，他建造了一座木拱橋，如同日本版畫裡的那種（參照第77和81頁）。這裡是他平靜的世界，冥想的地方，在燠熱的太陽下，蜻蜓到處飛舞，青蛙則在蘆葦中休息，受到打擾就噗通跳下水塘。這個池塘裡長著大葉藻和其他藻類植物，池邊有鳶尾花、蘆葦和垂柳，一朵朵睡蓮浮在水面，在陽光下閃爍得像珍珠，這一切都成了莫內最後三十年繪畫的主要題材。很明顯地，莫內再度一步步逼近主題，一直到最後幾年他似乎已完全沈浸在巨大的睡蓮畫中。藉著池塘和日本橋的風景畫，莫內從巨幅的風景構圖轉變到水面景緻的局部特寫。天空現在變成了倒影（第82頁），永遠不再出現在莫內畫作的上方。他的水面系列畫作是沒有界限的風景畫；不管這個局部的水面看起來有多小，它還是包含鄉間小路、樹木、天空和雲朵，這些當然不是普通的風景畫，莫內自己稱之為「映照風景」。

吉維尼的睡蓮，1917
Les nymphéas à Giverny
「…我的夢啊！我該怎麼做？只看一眼，便想擁抱這浩瀚的孤獨裡純潔的空茫；就像一個人摘下一朵美妙未開的睡蓮，會憶起了某個地方；它深濃的白，包含著一個空無不可及的夢，包含著一種永不存在的快樂，我們所能做的只有繼續屏息，向這幻影致敬；只有繼續划行，慢慢地，輕輕地；把槳浸入水中，在我拮取它時，切莫讓水花濺起，打破了這份神奇。在意外的腳步聲來臨前，在我走避的時候，這朵完美的花在升起的水泡中清晰可見…。」
——史蒂芬尼・馬拉美（Stéphane Mallarmé），《白色的睡蓮》（Le Nénuphar Blanc）

莫內常說他的工作室即是戶外的大自然，然而事實上他大部分的畫都是在畫室裡完成或修改的；他在吉維尼有三間畫室，在那裡，他可以接待訪客，並談論他的工作狀況。即使池塘畫作也不是完全在戶外陽傘下所畫的，這些畫和他所畫的泰晤士河或聖馬可廣場(後者光是在畫室裡就花了幾年的工夫)不同的地方在於，只要他走近池塘，重新檢視一番，他便可以輕易地更新對畫題和光的印象。在睡蓮池畫作中，莫內極盡所能地，以表面的圖案或抽象的意念取代表象的描繪方式。寬潤的睡蓮花瓣可以讓莫內在畫中建構起水平線，而柳樹和蘆葦的倒影則提供了垂直線的結構。這些幾何的平衡圖案之所以不會單調或了無生氣，主要是因為優美的睡蓮及蓮葉的不同姿態，此外，也歸功於莫內的色彩運用。他使用非平行的手法和巧妙的方式，捕捉到上千種生動的色調，將它們聚集成一片光的馬賽克，他以點描及筆劃將各種色彩打散到極限，把它們通通放在畫布上，然後又一層層地覆蓋起來。第一層色彩極薄，近乎透明，但添加上強烈有力的筆法及層層厚實的顏料後，色彩便開始發亮。莫內的畫風一直不斷在改變，早期系列作品裡(參考第82頁)，簡潔有力的運筆和點描手法以及閃爍的光，雖然透明，但有著織錦畫的特質，後來就逐漸趨向流體的風格。莫內恣意的筆劃就好像是海藻或某種水中植物似的，他的筆法不再是垂直或水平的，而是像神秘的卷鬚盤繞著，然後開始跳舞。莫內的睡蓮畫作之所以對未來的藝術家有影響，主要是因為他自由而大膽的技巧，加上他不再忠實地捕捉色彩，並大膽使用超大的畫面。

1950年代的抽象表現主義者都被莫內的色彩運用深深吸引，例如山姆‧法蘭西斯(Sam Francis，1923生)、傑克遜‧帕洛克(Jackson Pollock，1912-1956)，和馬克‧羅斯科(Mark Rothko，1903-1970)。莫

睡蓮，1919
Nymphéas

睡蓮，1916
Nymphéas

內的睡蓮裝飾畫的版面似乎影響了帕洛克的大畫面全版式作畫形式。不過，抽象表現主義追求的是純粹形式與色彩的自發藝術，而莫內的畫作中，即使最不寫實的部分，依然是對某種可見的事物——也就是大自然——的視覺印象。

　　當人們沈浸在莫內的睡蓮裝飾畫這類大型畫面中，所看的不僅是眼前的景物，還有這幅畫周圍的一切，特別是作品的作者。從十九世紀最後幾年起，莫內便一直想用幾幅巨大的睡蓮畫作來營造寬廣的環境，根據當時人的嗜好，當然也配合莫內自己的品味，他首先想到為飯廳作裝飾畫，後來由於他的妻子艾莉絲和兒子尚相繼去世，他陷入深沉的麻木當中。他的朋友克萊蒙梭為了要幫他，建議他為法國畫一系列的睡蓮，而為了供應這項大規模的作畫計劃，他甚至建了一個新的工作室，長24公尺寬12公尺，來容納他的大型作品。在一次世界大戰期間，這項工程並不簡單，而莫內能得到這些材料和人力，都要歸功於他那些身居高位的朋友們。

　　如果我們現在仍像莫內那個時代，視這些畫為裝飾畫，似乎帶有輕視的意味。這個形容詞是用來形容莫內比較早期的作品，其藝術型態既非敘事性，也非歷史性或地誌性的，後來的睡蓮系列是莫內的裝飾藝術最激進徹底的表達，是純粹對光和色彩的描述，這樣的畫往往引導我們往象徵的方向去詮釋，但我們還是不能視其為象徵的作品。莫內的睡蓮

黃昏時的蓮池（雙幅連作），約1916-22
Le bassin aux nymphéas, le soir
「當畫筆一停，這位藝術家便跑到他的花叢前，或癱在椅子上，思索著他的作品。他閉著雙眼，兩手隨意垂著，陷入了對光的不變的疑問，他或許認為自己無法捕捉這樣的光，但事實上由於敏銳的思考與計劃，他做得非常成功。」

——喬治・克萊蒙梭

黃昏時的蓮池（局部）
Le bassin aux nymphéas, le soir

裝飾畫固然是自我指涉的，但仍然呈現一個特定的現實世界，不能以抽象一言概括。

莫內的〈乾草堆系列〉或〈盧昂天主教堂系列〉畫作展出時，許多朋友和藝評家都一再指出兩者構思上的整體性，並且為不可避免的市場交易，使這些系列畫作分散到世界各地而感到惋惜。因為這個理由，克萊蒙梭在十九世紀最後幾年中，試圖為法國保住天主教堂這個系列，但最後卻遭官方負責購買的委員會反對。1918年，莫內計畫將兩幅睡蓮的巨幅畫作交給法國政府，以紀念第一次世界大戰停戰，克萊蒙梭和傑佛勒瓦終於說服了莫內，了解實現這項裝飾性巨幅睡蓮畫作整體計劃的時機到了。

莫內一直想在室內展出〈睡蓮〉，創造一種無限整體的幻覺，而觀賞的人也可以放鬆心情，盡情冥想。他同意送給政府幾幅畫，但懸掛的地方必須是根據莫內的設計而特別建造的。被挑選出來的適合地點是在畢倫宮（Hôtel Biron）的花園，這裡有一座剛剛興建完成，紀念雕塑家羅丹的美術館。一位建築師草擬了建築計劃，是座圓形建築，位於花園的邊緣，大小只夠展示十來幅畫，絕對稱不上大，但公共建築部門依舊反對這項提議，只因為他們覺得這樣對莫內太禮遇了。

莫內威脅要將所繪的畫收回，許多懷著希望的買主便自日本和美國蜂擁而至，期盼能為他們國家的美術館爭取到完整的系列。一切都虧克萊蒙梭，他一直把這個系列裝飾計劃當作是「自己的」，最後莫內總算同意把睡蓮畫作掛在羅浮宮橘園（Orangerie du Louvre）裡。這些畫最後被貯藏在橘園的兩間橢圓形房間裡，但這已是藝術家死後的事了。現在橘園吸引著大量的觀光客，但莫內的作品曾在那裡被忽略了很多年；一直到1950年代，裝飾性的睡蓮畫作才被山姆・法蘭西斯等幾個畫家發現。莫內晚期的作品只有在抽象表現主義的餘波中，才真正被了解與看重。莫內在世的最後幾年非常勤奮而多產，他不肯安享晚年，也不想在漫長一生所累積的藝術成果上平澹地工作；相反地，他對自己的要求比以前更多。由於害怕自己會畫出二流的作品，因此他燒毀了許多幅畫。他的藝術同伴馬奈死後，他看見畫商們將馬奈所有的東西一件件帶走，於是他決定避免讓草圖及一些未完成的作品流入市場。

上圖
早晨(四幅連作)，1916-26
Le bassin aux nymphéas sans saules：
Matin

中圖
早晨的垂柳(三幅連作)，1916-26
Le bassin aux nymphéas avec saules：Le
matin clair aux saules

左圖：
　莫內正在他的第三個，也是最大的畫室裡，
畫一幅巨大的睡蓮裝飾畫。

橘園美術館第二室
　藝術家安德烈·馬松(André Masson)稱巴
黎的橘園是「印象派教宗的聖堂」。莫內生前將
這些睡蓮裝飾畫送給法國；在他去世後，這些
畫在那裡公開展示。

自1908年起，愈來愈多的徵狀顯示莫內的視力在退化，過些時候，一位眼科醫師診斷出是白內障。經過一番的猶豫，莫內接受了兩次手術，恢復了他的視力。1919年，莫內最後一位印象派的老伙伴雷諾瓦過世，將這位老人孤獨地留在池邊。

　　莫內並不是個信仰虔誠的人；他的觀點是道地的實證主義；他同時也是光線的唯物主義者。若不是如此，那些老喜歡引用但丁(Dante)的《地獄篇》(Inferno)來批評莫內最後幾幅畫的人，更加可以宣稱畫中的日本橋是通往煉獄了，因為莫內最後的幾件作品畫的不是他一生最愛的水（莫內希望他的遺體能水葬），而是火：他的池塘溶在熊熊火焰中(第91

莫內在他吉維尼的第三間畫室，約1923

左起：黑木夫人、克勞德・莫內、莉麗・帕特勒、布蘭薰・莫內和喬治・克萊蒙梭

日本橋，1922
La pont japonais

頁)。莫內漫長的藝術生命最後以強勁有力的圖畫結束，這些畫顯示出畫家身上那股不屈不撓的頑強生命力。莫內年輕的時候，打破了學院派的折衷主義對藝術造成的壓抑；他也曾教導他的藝術家同伴及一般大眾重新再運用他們的眼睛；他更是讓現代藝術因戶外繪畫而閃閃發光的普羅米修斯(Prometheus)；而現在，莫內似乎想用他的最後幾幅作品，將現代主義推上最高峯。最後，莫內整個藝術和生命中燃燒、發光的力量突然熄滅。1926年十二月六日，莫內去世，享年86歲。

克勞德・莫內年表：1840-1926

克勞德・莫內，約1875

1840 克勞德・奧斯卡・莫內(Claude Oscar Monet)在十一月十四日生於巴黎拉菲特路(Rue Lafitte)45號，他是一家雜貨店老闆的次子。

1845 店裡生意不好，舉家遷往勒阿弗爾(Le Havre)，莫內的父親在那裡和他的連襟勒嘉德(Lecadre)一起經商。

1855左右 莫內將老師和其他人畫成漫畫，繪畫的天賦開始展現。

1858 認識風景畫家奧珍・布丹(Eugène Boudin, 1824-1898)，並和他一起在戶外作畫。

1859 莫內到巴黎研讀藝術。他參觀沙龍展，並在瑞士學院(Académie Suisse)就讀，在這裡他認識卡密・畢沙荷(Camille Pissarro，1830-1903)。

1860 莫內被徵召，決定與非洲服務隊到阿爾及利亞服務，次年便因身體欠佳而退伍。

1862 在諾曼第的假日裡，他認識了畫家約翰・若安巴特・瓊荊(Johan Barthold Jongkind，1819-1891)。待莫內的健康恢復後，他的家人將他從軍隊中贖出來。十一月他到巴黎，進入藝術家查理・格雷赫(Charles Gleyre，1806-1874)的畫室，他在這裡認識了奧古斯特・雷諾瓦(Auguste Renoir，1841-1919)、亞爾弗瑞德・西斯萊(Alfred Sisley，1839-1899)和菲特烈・巴濟依(Frédéric Bazille，1841-1870)。

1863 莫內和他的新朋友們在楓丹白露森林(Forêt de Fontainebleau)中作畫。年底，四人皆離開格雷赫的畫室。

1865 沙龍展接受了兩張莫內的海景畫作。他計畫為下一次的沙龍展畫〈草地上的午餐〉(Déjeuner sur l'herbe)，並馬上在楓丹白露森林動工。

1866 〈綠衣女子〉(Femme à la robe verte)在沙龍展中普獲佳評。莫內和家人在聖阿黛斯(Sainte-Adresse)和翁浮勒(Honfleur)渡過夏天及秋天。

1867 再次與父母一起過夏天，這時女友卡蜜兒・多希爾(Camille Doncieux)在巴黎獨自生下他們的長子尚(Jean)。回到巴黎後，巴濟依將他的畫室分給莫內使用，並買下被沙龍拒絕的〈花園中的女人〉(Femmes au jardin)。

1868 在艾特達(Etretat)及菲坎(Fécamp)工作。自從1864年起，一位叫高迪貝(Gaudibert)的船主便幫忙莫內渡過財務的困難，現在他也委託莫內作畫，並送回被典當的畫作。

1870 再度被沙龍展拒絕。六月二十六日，與卡蜜兒・多希爾結婚。一個月後普法戰爭爆發，莫內搬到倫敦，十一月巴濟依的死訊傳來。他在倫敦遇見了畫商保羅・杜杭-胡耶(Paul Durand-Ruel，1831-1922)。

1871 一月十七日，莫內父親去世，留下一些遺產。秋天，莫內經由荷蘭回到法國，在亞讓德伊(Argenteuil)租了一間房子和花園。

1872 杜杭-胡耶買下大量的畫作。莫內建造了船上畫室，並畫塞納河畔的景色。在勒阿弗爾畫下〈印象・日出〉(Impression, soleil levant)。二度造訪荷蘭。

1873 在亞讓德伊安靜地作畫，在此認識古斯塔夫・蓋伊波特(Gustave Caillebotte，1848-1894)。「藝術家、畫家、雕刻家、版畫家等之無名畫會」(Société anonyme des artistes, peintres, sculpteurs, graveurs, etc.)成立，準備推出聯展，成員包括多位印象派的核心人物。

1874 首次聯展在卡布欣大道(Boulevard des Capucines)中，一位叫納達(Nadar)的攝影師的房子裡舉行。藝評家路易・勒法(Louis Leroy)以〈印象・日出〉為題，在一篇文章中恥笑有些藝術家只會表現印象，不會完成藝術創作。這次的展覽並不成功，「無名畫會」也在年底解散。

1875 財務狀況再度惡化，莫內搬進一間較小的房子。

1876 第二次印象派展覽在杜杭-胡耶的藝廊舉行，莫內展出十八幅作品。他認識百貨公司總裁鄂尼斯・歐胥德(Ernest Hoschedé)，歐胥德委託莫內為他在靠近蒙傑隆(Montgeron)的羅騰堡(Rottenbourg)城堡作裝飾畫。是年與次年，莫內畫了聖拉查爾車站(La gare Saint-Lazare)。

1878 莫內次子米歇爾(Michel)在巴黎出生。夏天，舉家遷往維特耶(Vétheuil)較小的房子，艾莉絲・歐胥德(Alice Hoschedé)和她的六個孩子加入這一家人。經濟問題仍繼續存在。

1879 蓋伊波特贊助第四次聯展。莫內在維特耶和瓦古(Lavacourt)作畫。九月五日，卡蜜兒去世，享年三十二歲。

1881 杜杭-胡耶買了更多莫內的畫，並且贊助他旅行。十二月，莫內、艾莉絲・歐胥德和他們的小孩搬到普瓦西(Poissy)。

1883 莫內的個展在杜杭-胡耶的畫廊舉行，雖獲佳評，但銷售不理想。杜杭

-胡耶委託莫內為他在巴黎的家繪裝飾作品。莫內在吉維尼(Giverny)租房子。十二月,和雷諾瓦到法國南部。

1884 一月至四月在瑞維耶拉(Riviera)作畫。

1886 重遊荷蘭。秋天,他在艾特達及不列塔尼(Bretagne)作畫。在不列塔尼他認識了他未來的傳記作者——古斯塔夫‧傑佛勒瓦(Gustave Geffroy)。

1887 杜杭-胡耶在紐約開了一家藝廊,並在此展示莫內的作品。巴黎的喬治‧伯弟(Georges Petit)畫廊舉行莫內畫展,展覽非常成功。

1888 從一月至四月,他都在蔚藍海岸(Côte d' Azur)作畫,到了夏天又去倫敦。回到巴黎後,他拒絕接受榮譽十字勳章。開始作〈乾草堆〉(Meules)系列。

1889 喬治‧佩提舉辦莫內與奧古斯特‧羅丹(Auguste Rodin,1840-1917)的聯展,非常成功。莫內幫羅浮宮策劃一場募款會,以便從愛德華‧馬奈(Edouard Manet,1832-1883)的遺孀那兒買下馬奈的名作〈奧林匹亞〉(Olympia)。

1890 畫〈乾草堆〉,並開始畫〈白楊樹〉(Peupliers)系列。買下吉維尼的房子,自1883年起,他便住在這兒。

1891 〈乾草堆〉系列在杜杭-胡耶的畫廊展出,相當成功。十二月在倫敦作畫。

1892 春天畫〈盧昂天主教堂〉(La cathédrale de Rouen)系列。鄂尼斯‧歐胥德已在前年去世,莫內和艾莉絲‧歐胥德於七月結婚。

1895 莫內到挪威看他的繼子。三月,杜杭-胡耶展出〈盧昂天主教堂〉系列。

1896 再度到諾曼第工作,在瓦漢傑維(Varengeville)、迪耶普(Dieppe)及普荷微(Pourville)作畫。開始他的系列作品〈塞納河畔的早晨〉。

1897 一月至三月待在普荷微。在吉維尼興建第二間畫室。夏天,他的長子尚與他的繼女布蘭薰‧歐胥德(Blanche Hoschedé)結婚。第二屆威尼斯雙年展出二十幅莫內的作品。

1899 莫內在吉維尼的水上花園開始畫〈睡蓮〉(Nymphéas)系列。秋天,他再度造訪倫敦,並再度畫泰晤士河的風景。

1900 幾度造訪倫敦。春天在吉維尼工作,夏天在維特耶。

1903 在畫室裡完成在倫敦的畫作(至1905年)。十一月十二日,畢沙荷去世。

克勞德‧莫內,1901
照片由卡斯巴‧菲力‧納達(Gaspar Félix Nadar)提供

1904 秋天,他開汽車載著艾莉絲到馬德里,去研究迪耶哥‧委拉斯蓋茲(Diego Velázquez,1599-1660)等西班牙大師的作品。

1906 莫內繼續他的〈睡蓮〉系列工作,本來要在杜杭-胡耶的藝廊展覽,但因自己不滿意而一再延後展覽日期。十月二十二日,保羅‧塞尚(Paul Cézanne,1839-1906)去世。

1908 首度發覺視力退化的症狀。九月至十二月期間都和艾莉絲在威尼斯。

1911 艾莉絲‧莫內死於五月十九日。

1912 伯漢-瓊恩(Bernheim-Jeune)畫廊展出莫內在威尼斯的作品,非常成功。他的視力惡化,眼科醫師診斷為白內障。

1914 喬治‧克萊蒙梭(Georges Clemenceau,1841-1929)和其他一些朋友建議莫內獻給政府〈睡蓮〉系列作

品。長子尚去世,其遺孀布蘭薰接管吉維尼的家事。八月三日法國宣戰。

1915 莫內興建第三畫室,專注於巨幅裝飾畫作〈睡蓮〉系列計劃。

1918 停戰當日(十一月十一日),莫內獻給法國政府八幅〈睡蓮〉作品。

1919 莫內最後一個巴黎的老朋友奧古斯特‧雷諾瓦在十二月十七日去世。

1921 回顧大展在杜杭-胡耶的藝廊舉行。因視力退化而感到萬分沮喪絕望,並想收回他的贈與。

1922 克萊蒙梭從一開始便努力促成這項捐贈計劃,在他的敦促下,莫內終於簽名答應這項贈與。

1923 莫內接受兩次手術後恢復了視力,繼續作畫。他常感沮喪,意志消沉,但仍繼續偉大的巨幅〈睡蓮〉作品的工作。

1926 十二月六日,克勞德‧莫內死於吉維尼。

圖版一覽表

附有數字的威爾登斯坦是指丹尼爾·威爾登斯坦(Daniel Wildenstein)所著的《莫內，傳記及目錄》，第一至四冊(Monet, biographie et catalogue raisonée, I-IV)，洛桑及巴黎，1974-85。

1
克勞德·莫內戴扁帽的自畫像，1886
Autoportrait de Claude Monet, coiffé d'un béret
畫布、油彩，56×46公分。威爾登斯坦1078
私人收藏
2
1878年六月三十日聖丹尼路上的慶典，1878
La Rue Saint-Denis, fête du 30 juin 1878
畫布、油彩，76×52公分。威爾登斯坦470
盧昂，美術博物館(Musée des Beaux-Arts)
6
畫室靜物，1861
Coin d'atelier
畫布、油彩，182×127公分。威爾登斯坦6
巴黎，奧塞博物館(Musée d'Orsay)
7
公證人里昂·馬佾，約1855/56
Léon Marchon
炭筆、白粉筆，青灰色紙，61.2×45.2公分
芝加哥(伊利諾州)，芝加哥藝術學院(The Art Institute of Chicago)，由卡特·哈里遜(Carter H. Harrison)贈與，1933.888
8上方
通往聖賽門農場的路，1864
La route de la ferme St. Siméon
畫布、油彩，82×46公分。威爾登斯坦29
東京，國立西方美術館，松方收藏
8下方
奧珍·布丹(Eugène Boudin)：
特魯維的海灘，1864
La Plage de Trouville
木板、油彩，26×48公分
巴黎，奧塞博物館
9
退潮時的希佛角，1865
La Pointe de la Hève à marée basse
畫布、油彩，90.2×150.2公分。威爾登斯坦52
佛塞渥斯(德州)，金寶美術館(Kimbell Art Museum)
10上左方
夏伊大道，1865
Le Pavé de Chailly
畫布、油彩，43×59公分。威爾登斯坦56
巴黎，奧塞博物館
10右上方
菲特烈·巴濟依(Frédéric Bazille)：
臨時病房，1865
L'Ambulance improvisée
畫布、油彩，47×65公分
巴黎，奧塞博物館
10下方
查理·格雷赫(Charles Gleyre)：
戴弗妮女神與克羅自山中返回，1862
Daphnis et Chloé revenant de la montagne
畫布、油彩，80×62.2公分
私人收藏
11
草地上的午餐(習作)，1865
Le déjeuner sur l'herbe
畫布、油彩，130×181公分。威爾登斯坦62
莫斯科，普希金美術館(Pushkin Museum)
12上方
莫內和特烈維公爵(Duc de Trévise)在吉維尼的家中，1920
照片
12下方
愛德華·馬奈(Edouard Manet)：
草地上的午餐，1863
Le dèjeuner sur l'herbe
畫布、油彩，208×264公分
巴黎，奧塞博物館
13左方
草地上的午餐(左段)，1865
Le dèjeuner sur l'herbe
畫布、油彩，418×150公分。威爾登斯坦63a
巴黎，奧塞博物館

13右方
草地上的午餐(中段)1865
Le déjeuner sur l'herbe
畫布、油彩，248×217公分。威爾登斯坦63b
巴黎，奧塞博物館
14
午餐，1868
Le déjeuner
畫布、油彩，230×150公分。威爾登斯坦132
法蘭克福，施塔德藝術學院市立畫廊(Städtische Galerie im Städelschen Kunstinstitut)
15
卡蜜兒或綠衣女子，1866
Camille ou Femme à la robe verte
畫布、油彩，231×151公分。威爾登斯坦65
布來梅，布來梅藝術廳(Kunsthalle Bremen)
16
花園中的女人，1866
Femmes au jardin
畫布、油彩，255×205公分。威爾登斯坦67
巴黎，奧塞博物館
17
服裝雜誌《小婦人》(Petit Courier des Dames)的插圖，1864
18
聖哲曼奧塞瓦教堂，1867
Saint-Germain-l'Auxerrois
畫布、油彩，79×98公分。威爾登斯坦84
柏林，國立柏林普魯士文化財博物館，國家畫廊(Staatliche Museen zu Berlin-Preussischer Kulturbesitz, Nationalgalerie)
19
公主花園，1867
Le jardin de l'infante
畫布、油彩，91×62公分。威爾登斯坦85
歐柏林(俄亥俄州)，歐柏林學院亞倫紀念藝術館(Allen Memorial Art Museum, Oberlin College)；米勒(R. T. Miller)，小米勒基金會(Jr. Fund)，1948
20上方
聖阿黛斯的花園，約1866
Jardin en fleurs
畫布、油彩，65×54公分。威爾登斯坦69
巴黎，奧塞博物館
20下方
龍鹿北齋：
在五百羅漢廟宇的佐江展示館
取自「富士山的三十六幅風景畫」，1829-33
木版畫，23.9×34.3公分
吉維尼，藝術學院(Académie des Beaux-Arts)，克勞德·莫內基金會(Fondation Claude Monet)
21
聖阿黛斯的陽台，1867
Terrasse à Sainte-Adresse
畫布、油彩，98.1×129.9公分。威爾登斯坦95
紐約(紐約州)，大都會美術館(The Metropolitan Museum of Art)，由美術館的朋友提供的購買基金所購買，1967(67.241)
22
班納庫爾的河畔，1868
Au bord de l'eau, Bennecourt
畫布、油彩，81.5×100.7公分。威爾登斯坦110
芝加哥(伊利諾州)，芝加哥藝術學院，波特帕瑪(Potter Palmer)夫婦收藏，1922.427
23
艾特達的暴風雨海面，約1873
Grosse mer à Etretat
畫布、油彩，66×131公分。威爾登斯坦127
巴黎，奧塞博物館
24
漫步·撐陽傘的女人，1875
La promenade·La femme à l'ombrelle
畫布、油彩，100×81公分。威爾登斯坦381
華盛頓(特區)，國家藝廊(National Gallery of Art)，保羅·梅倫(Paul Mellon)夫婦收藏
25
安東尼·莫龍(Anthony Morlon)：
青蛙潭(局部)，1880-90
La Grenouillère
石版畫
巴黎，國立圖書館(Bibliothèque Nationale)
26
亞讓德伊賽舟會，1872
Régates à Argenteuil
畫布、油彩，48×75公分。威爾登斯坦233
巴黎，奧塞博物館

27
特魯維的黑岩飯店，1870
Hôtel des Roches Noires, Trouville
畫布、油彩，80×55公分。威爾登斯坦155
巴黎，奧塞博物館
28上方
米蘭達(Miranda)：
青蛙潭
La Grenouillère
取自《插圖》(L'Illustration)，1873年八月
28下方
奧古斯特·雷諾瓦(Auguste Renoir)：
青蛙潭，1869
La Grenouillère
畫布、油彩，66×81公分
斯德哥爾摩，國立博物館(National Museum)
29
青蛙潭，1869
La Grenouillère
畫布、油彩，74.5×99.7公分。威爾登斯坦134
紐約(紐約州)，大都會美術館，海夫梅爾(H. O. Havemeyer)收藏，由海夫梅爾夫人贈與，1929(29.100.112)
30上方
桑丹姆港口，1871
Le port de Zaandam
畫布、油彩，47×74公分，威爾登斯坦188
私人收藏
30下方
J.M.W.·泰納(J. M. W. Turner)：
遊艇航近海岸，1838-40
Yacht Approaching the Coast
畫布、油彩，102×142公分
倫敦，泰德畫廊(The Tate Gallery)
31
印象·日出，1873
Impression, soleil levant
畫布、油彩，48×63公分。威爾登斯坦263
巴黎，馬蒙特美術館(Musée Marmottan)
32上方
納達在卡布欣大道35號的家，1874年印象派首次聯展在這位攝影師的工作室中舉行
照片
32下方
第33頁插圖局部
33
卡布欣大道，1873
Boulevard des Capucines
畫布、油彩，79.4×60.6公分。威爾登斯坦293
堪薩斯市(密蘇里州)，尼爾森-阿特肯斯藝術館(The Nelson-Atkins Museum of Art)，肯尼斯和海倫史賓塞基金會(The Kenneth A. and Helen F. Spencer Foundation Acquisition Fund)購買F72-35
34
第35頁插圖局部
35
亞讓德伊的鐵軌橋，1873
Le pont du chemin de fer à Argenteuil
畫布、油彩，58.2×97.2公分。威爾登斯坦279
私人收藏
36上方
午餐(裝飾性壁板)，1873
Le déjeuner(panneau décoratif)
畫布、油彩，160×201公分。威爾登斯坦285
巴黎，奧塞博物館
36下方
奧古斯特·雷諾瓦：
莫內在亞讓德伊的花園裡作畫，1873
Monet peignant dans son jardin à Argenteuil
畫布、油彩，46.7×59.7公分
哈特福特(康乃迪克州)，瓦滋渥斯文藝協會(Wadsworth Atheneum)，由安·帕里須·提左(Anne Parrish Titzell)贈與
37
藝術家宅中的尚·莫內，1875
Un coin d'appartement
畫布、油彩，80×60公分。威爾登斯坦365
巴黎，奧塞博物館
38左方
愛德華·馬奈：
克勞德·莫內和妻子在他的工作船上，1874
Claude Monet et sa femme dans son studio flottant
畫布、油彩，82.5×100.5公分
慕尼黑，新繪畫陳列館(Neue Pinakothek)

38右方
船上畫室，1874
Le Bateau-atelier
畫布、油彩，50×64公分。威爾登斯坦323
歐特婁，克羅勒-米勒·史蒂希丁(Kröller-Müller Sticht-ing)收藏
39
亞讓德伊的罌粟園，1873
Les coquelicots à Argenteuil
畫布、油彩，50×65公分。威爾登斯坦274
巴黎，奧塞博物館
40上方
亞讓德伊之橋，1874
Le pont d'Argenteuil
畫布、油彩，60×81.3公分。威爾登斯坦313
慕尼黑，新繪畫陳列館
40下方
亞讓德伊的鐵軌橋，1873
Le pont du chemin de fer, Argenteuil
畫布、油彩，54×71公分。威爾登斯坦319
巴黎，奧塞博物館
41上方
聖拉查爾車站。火車進站，1877
La Gare Saint-Lazare. arrivée d'un train
畫布、油彩，83.1×101.5公分。威爾登斯坦439
劍橋(麻州)，由法格美術館(The Fogg Art Museum)提供，哈佛大學美術館(Harvard University Art Museums)，由1906年畢業生莫利斯·沃特漢(Maurice Wertheim)贈與
41下方
聖拉查爾車站，1877
草圖
巴黎，馬蒙特美術館
42上方
在亞讓德伊卸煤，1875
Les déchargeurs de charbon, Argenteuil 1872
畫布、油彩，55×66公分。威爾登斯坦364
巴黎，杜杭-胡耶檔案館(Document Archives Durand-Ruel)
42下方
歌川廣茂：
上總之九十九里浦
＜六十余州名所圖繪＞之一，1853-56
木刻畫，66.6×22.4公分
吉維尼，藝術學院，克勞德·莫內基金會
43
日本女人，1875
La Japonaise
畫布、油彩，231.6×142.3公分。威爾登斯坦387
波士頓(麻州)，美術館(Museum of Fine Arts)提供，1951年購買基金
44
維特耶的教堂，冬天，1879
Eglise de Vétheuil, neige
畫布、油彩，65.3×50.5公分。威爾登斯坦505
巴黎，奧塞博物館
45
卡蜜兒·莫內的肖像(？)，1866/67
Portrait de Camille Monet
紅色粉筆草圖
私人收藏
46
靈床上的卡蜜兒·莫內，1879
Camille Monet sur son lit de mort
畫布、油彩，90×68公分。威爾登斯坦543
巴黎，奧塞博物館
47上方
維特耶附近的冰裂，1880
La débâcle près de Vétheuil
畫布、油彩，65×93公分。威爾登斯坦572
巴黎，奧塞博物館
47下方
霧中的維特耶，1879
Vétheuil dans le brouillard
畫布、油彩，60×71公分。威爾登斯坦518
巴黎，馬蒙特美術館
48上方
保羅·杜杭-胡耶
照片
巴黎，杜杭-胡耶檔案館
48下方
在保羅·杜杭-胡耶家中舉行的大型沙龍展，巴黎，羅馬路35號
巴黎，杜杭-胡耶檔案館

49
梨子和葡萄，1880
Poires et raisin
畫布、油彩，65×81公分。威爾登斯坦631
漢堡，漢堡藝術廳(Hamburger Kunsthalle)
50上方
瓦倫吉維的海關哨站，1882
Cabane du Douanier à Varengeville
畫布、油彩，60×78公分。威爾登斯坦732
鹿特丹，波依曼-范柏尼根博物館(Museum Boymans-van Beuningen)
50下方
瓦倫吉維的海關哨站，1882
Cabane du Douanier à Varengeville
畫布、油彩，60×81公分。威爾登斯坦743
費城(賓州)，費城美術館(Philadelphia Museum of Art)，威廉·艾爾坎(William L. Elkins)收藏
51
漫步在普荷微的崖壁上，1882
La promenade sur la falaise, Pourville
畫布、油彩，66.5×82.3公分。威爾登斯坦758
芝加哥(伊利諾州)，芝加哥藝術學院，路易絲·藍德·寇本(Lewis Larned Coburn)夫婦紀念珍藏，1933.443
52
柯頓港的「金字塔」，1886
Les "Pyramides"de Port-Coton
畫布、油彩，65×81公分。威爾登斯坦1084
莫斯科，普希金美術館
53上方
艾特達的曼門，1886
La Manneporte près d'Etretat
畫布、油彩，81.3×65.4公分。威爾登斯坦1052
紐約(紐約州)，大都會美術館，利西·布里斯(Lizzie P. Bliss)贈與，1931.(31.67.11)
53下方
靠近艾特達的崖壁
照片
54
艾普特河畔的白楊樹，1891
Peupliers au bord de l'Epte, vue du marais
畫布、油彩，88×93公分。威爾登斯坦1312
私人收藏
55上方
白楊，秋天裡三棵粉紅色的樹，1891
Les peupliers, trois arbres roses, automne
畫布、油彩，93×74.1公分。威爾登斯坦1307
費城(賓州)，費城美術館，契斯特·戴爾(Chester Dale)贈與
55下方
夏天裡的三棵白楊樹，1891
Les trois arbres, été
畫布、油彩，92×73公分。威爾登斯坦1305
東京，國立西方美術博物館，松方收藏
56左方
戶外習作，朝右的女子，1886
Essai de figure en plein air, vers la droite
畫布、油彩，131×88公分。威爾登斯坦1076
巴黎，奧塞博物館
56右方
戶外習作，朝左的女子，1886
Essai de figure en plein air, vers la gauche
畫布、油彩，131×88公分。威爾登斯坦1077
巴黎，奧塞博物館
57上方
盧昂天主教堂，約1900
照片
57下方
乾草堆，約1888/89
Meules
草圖
巴黎，馬蒙特美術館
58上方
乾草堆，雪與陰霾的天空，1891
Meule, effet de neige, temps couvert
畫布、油彩，66×93公分。威爾登斯坦1281
芝加哥(伊利諾州)，芝加哥藝術學院，馬丁·雷爾遜(Martin A. Ryerson)夫婦收藏，1933.1155
58下方
雪地裡的乾草堆，早晨，1891
Meule, effet de neige, le matin
畫布、油彩，65.4×92.3公分。威爾登斯坦1280
波士頓(麻州)，美術館提供，為紀念雙親蘭姆夫婦(Mr. and Mrs. Horatio A. Lamb)，由艾米·蘭姆(Aimee Lamb)和羅絲蒙·蘭姆(Rosamond Lamb)女士贈與

59上方
陽光下的乾草堆，1891
Meule au soleil
畫布、油彩，60×100公分。威爾登斯坦1288
蘇黎士，蘇黎士藝術館(Kunsthaus Zürich)
59下方
日落時分融雪中的乾草堆，1891
Meules, dégel, soleil couchant
畫布、油彩，64.9×92.3公分。威爾登斯坦1284
芝加哥(伊利諾州)，芝加哥藝術學院，丹尼爾·索洛(Daniel C. Searle)夫婦贈與，1983.166
60左上方
清晨的盧昂天主教堂。大門及聖羅馬樓塔，1894
La Cathédrale de Rouen. Le portail et la tour Saint-Romain à l'aube
畫布、油彩，106×74公分。威爾登斯坦1348
波士頓(麻州)，美術館提供，湯普金斯·(Tompkins)收藏，5831C
60上中
盧昂天主教堂。晨光中的大門。藍色調，1894
La Cathédrale de Rouen. Le portail, soleil matinal. Harmonie bleue
畫布、油彩，91×63公分。威爾登斯坦1355
巴黎，奧塞博物館
60右上方
盧昂天主教堂。清晨的大門和聖羅馬樓塔。白色調，1894
La Cathédrale de Rouen. Le portail et la tour Saint-Romain, effet du matin. Harmonie blanche
畫布、油彩，106×73公分。威爾登斯坦1346
巴黎，奧塞博物館
60左下方
盧昂天主教堂。豔陽下的大門和聖羅馬樓塔。藍色與金黃色調，1894
La Cathédrale de Rouen. Le portail et la tour Saint-Romain plein soleil. Harmonie bleue et or
畫布、油彩，107×73公分。威爾登斯坦1360
巴黎，奧塞博物館
60下中
盧昂天主教堂。陰天的大門和聖羅馬樓塔。灰色調，1894
La Cathédrale de Rouen. Le portail, temps gris. Harmonie grise
畫布、油彩，100×65公分。威爾登斯坦1321
巴黎，奧塞博物館
60右下方
盧昂天主教堂。大門。棕色調，1894
La Cathédrale de Rouen. Le portail vu de face. Harmonie brune
畫布、油彩，107×73公分。威爾登斯坦1319
巴黎，奧塞博物館
61
見60頁，左上方
62上方
柏第格哈的別墅，1884
Les Villas à Bordighera
畫布、油彩，115×130公分。威爾登斯坦857
聖芭芭拉(加州)，聖芭芭拉美術館(The Santa Barbara Museum of Art)
62下方
在柏第格哈的棕櫚樹，1884
Palmiers à Bordighera
畫布、油彩，64.8×81.3公分。威爾登斯坦877
紐約(紐約州)，大都會美術館，阿迪雷·德·格爾特小姐(Miss Adelaide Milton de Groot, 1876-1967)贈與，1967.(67.187.87)
63
柏第格哈，1884
Bordighera
畫布、油彩，64.8×81.3公分。威爾登斯坦854
芝加哥(伊利諾州)，芝加哥藝術學院，波特·帕瑪(Potter Palmer)夫婦收藏，1922.426
64
從馬丁角看曼頓的景色，1884
Menton vu du Cap Martin
畫布、油彩，67.2×81.6公分。威爾登斯坦897
波士頓(麻州)，美術館提供，茱麗亞·傑尼·愛德華(Julia Cheney Edwards)收藏
65上方
午後陽光下的安提貝，1888
Antibes, effet d'après-midi
畫布、油彩，65.5×81公分。威爾登斯坦1158
波士頓(麻州)，美術館提供，無名氏贈與
65下方
亞斯特羅山，1888
Montagnes de l'Estérel
畫布、油彩，65×92公分。威爾登斯坦1192
倫敦，寇透德(Courtauld Institute Galleries)學院畫廊

95

66上方
肯薩斯山與粉紅色廻光，1895
Le Mont Kolsaas, reflets roses
畫布、油彩，65×100公分。威爾登斯坦1415
巴黎，奧塞博物館
66下
莫內和疊歐多赫‧帕特勒(Theodore Butler)在汽車上
照片，尚-瑪麗‧淘古(Jean-Marie Toulgouat)收藏
67
國會兩院，1899-1901
Le Parlement, trouée de soleil dans le brouillard
畫布、油彩，81×92公分。威爾登斯坦1610
巴黎，奧塞博物館
68
威尼斯的黃昏，1908
Crépuscule à Venise
畫布、油彩，73×92公分。威爾登斯坦1769
東京，石橋美術館，石橋基金會
69上
康塔里尼宮，1908
Le Palais Contarini
畫布、油彩，92×81公分。威爾登斯坦1767
聖加倫，聖加倫美術館(Kunstmuseum St. Gallen)，1950
年由埃恩斯特‧須夫‧史蒂東基金會(Ernst Schürpf Stiftung)購買
69下
莫內及其妻艾莉絲在威尼斯聖馬克廣場，1908
照片
巴黎，菲利普‧皮吉特(Philippe Piguet)收藏，經其授權
70
日本橋，1899
Le Bassin aux nymphéas
畫布、油彩，92.7×73.7公分。威爾登斯坦1518
紐約(紐約州)，大都會美術館，海夫梅爾收藏，由海夫梅
爾女士贈與，1929年(29.100113)
71
莫內畫睡蓮池塘，旁有布蘭薰‧歐胥德-莫內和尼西亞‧沙
勒魯(Nitia Salerou)，1915
照片
巴黎，菲利普‧皮吉特收藏，經其授權
72
春天，1886
Le Printemps
畫布、油彩，65×81公分。威爾登斯坦1066
劍橋，費茲威廉博物館(Fitzwilliam Museum)
73
吉維尼附近的罌粟園，1885
Champ de coquelicots, environs de Giverny
畫布、油彩，65.2×81.2公分。威爾登斯坦1000
波士頓(麻州)，美術館提供，茱麗亞‧愛德華(Julia Cheney Edwards)收藏
74
小船，1887
Le barque
畫布、油彩，146×133公分。威爾登斯坦1154
巴黎，馬蒙特美術館
75上
船上的少女，1887
Jeunes filles en barque
畫布、油彩，145×132公分。威爾登斯坦1152
東京，國立西方美術館，松方收藏
75下方
艾普特河上的船隻，1890
En canot sur l'Epte
畫布、油彩，133×145公分。威爾登斯坦1250
聖保羅，聖保羅美術館(Museu de Arte de São Paulo)
76上方
莫內在吉維尼的花園中，約1917
彩色照片，艾田‧克烈蒙托(Etienne Clémentel)拍攝
76中間
莫內在吉維尼的房子和花園，約1917
彩色照片，艾田‧克烈蒙托拍攝
76下
莫內在吉維尼的房子和花園
照片
吉維尼，克勞德‧莫內美術館(Musée Claude Monet)
77上方
莫內吉維尼花園裡的小徑，1901/02
Une allée du jardin de Monet, Giverny
畫布、油彩，89×92公分。威爾登斯坦1650
維也納，奧地利畫廊(Österreichische Galerie)
77下方
日本橋，1900
Le bassin aux nymphéas
畫布、油彩，89.2×92.8公分。威爾登斯坦1630
波士頓(麻州)，美術館提供，為紀念亞凡‧福樂(Alvan T. Fuller)州長，由福樂基金會贈與

78
鳶尾花，1914-17
Iris
畫布、油彩，199.4×150.5公分。威爾登斯坦1832
里乞蒙(維吉尼亞州)，維吉尼亞美術館(Virginia Museum of Fine Arts)，阿道夫和維金斯‧威廉基金會
(Adolph D. and Wilkins C. Williams Fund)贊助
79
莫內花園裡的鳶尾花，1900
Le jardin de Monet, les iris
畫布、油彩，81×92公分。威爾登斯坦1624
巴黎，奧塞博物館
80/81
睡蓮池塘
照片
82上方
睡蓮，水景，雲，1903
Nymphéas, paysage d'eau, les nuages
畫布、油彩，74×106.5公分。威爾登斯坦1656
私人收藏
82下方
睡蓮，1897-98
Nymphéas
畫布、油彩，66×104公分。威爾登斯坦1501
洛杉磯(加州)，洛杉磯州立美術館(Los Angeles County Museum of Art)，由弗烈德‧哈勒威‧畢克斯比(Fred Hathaway Bixby)女士贈與
83
吉維尼的睡蓮，1917
Les nymphéas à Giverny
畫布、油彩，100×200公分。威爾登斯坦1886
南特，美術館(Musée des Beaux-Arts)，
1938年由美術館支持者的贈與
84
睡蓮，1919
Nymphéas
畫布、油彩，100×200公分
私人收藏
85
睡蓮，1916
Nymphéas
畫布、油彩，200×200公分。威爾登斯坦1800
東京，國立西方美術館，松方收藏
86
黃昏時的蓮池(雙幅連作)，約1916-22
Le bassin aux nymphéas, le soir (diptychon)
畫布、油彩，200×600公分。威爾登斯坦1964/65
蘇黎士，蘇黎士美術館
87
第86頁插圖的細部
88/89上方
早晨(四幅連作)，1916-26
Le bassin aux nymphéas sans saules: Matin (quadriptychon)
畫布、油彩，200×200，200×425，200×425，200×200
公分。威爾登斯坦IV p. 328，4a-d
巴黎，橘園美術館(Musée de l'Orangerie)
88/89中間
早晨的垂柳(三幅連作)，1916-26
Le bassin aux nymphéas avec saules: Le matin clair aux saules(triptychon)
畫布、油彩，每幅均200×425公分。威爾登斯坦IV. p.329，
4a-c
巴黎，橘園美術館
88下方
莫內在大裝飾畫室裡，約1923
照片
巴黎，版權所有—杜杭-胡耶檔案館
89下方
橘園美術館第二室，後面那道牆上的畫是樹木的倒影，左
右兩側則是柳樹組合而成的作品
照片
巴黎，羅傑‧威歐雷(Roger Viollet)
90上方
莫內在他吉維尼的第三間畫室，約1923
照片
巴黎，版權所有—杜杭-胡耶檔案館
90下方
在吉維尼散步。由左至右：黑木夫人、莫內、莉麗‧帕特
勒(Lily Butler)、布蘭薰‧莫內和喬治‧克萊蒙梭
照片
91
日本橋，1922
Le pont japonais
畫布、油彩，89×116公分
明尼亞波里(明尼蘇達州)，明尼亞波里藝術學院(The Minneapolis Institute of Arts)，由普南‧達那‧馬克米
蘭(Putnam Dana McMillan)贈與

出版公司在此感謝下列博物館，收藏家及攝影家協助本書出版。此外也要感謝下列人士和機構的鼎力相助：
Acquavella Galleries, New York (54); Photograph © 1993, The Art Institute of Chicago, All Rights Reserved (7,22,51,58 bottom, 63); Artothek, Peissenberg (38 bottom left, 40 top); Michael Bodycomb (9); The Bridgeman Art Library (20 left, 30 top, 30 bottom); Christie's Images (35); Ebbe Carlsson (72); © Harlingue–Viollet (80／81); Photo Luiz Hossaka (75 bottom); © P. Jean (83); ©1993 Museum Associates, Los Angeles County Museum of Art. All Rights Reserved (82 bottom); Photo Henri Manuel (88 bottom); © Photo R.M.N. (6,8 bottom, 10 top left, 10 top right, 12 bottom, 13 left, 13 right, 16, 23, 26, 27, 36 top, 37, 39, 40 bottom, 44, 46, 47 top, 56 left, 56 right, 60 top centre, 60 top right, 60 bottom left, 60 bottom centre, 60 bottom right, 66 top, 67, 77 top, 79, 88／89 top, 88／89 centre); © Roger–Viollet(12 top, 76 bottom); Foto Scala, Florence (52); Elke Walford (49); Archiv Walther, Alling (90 bottom, 92, 93).